LES MAISTRES DES REQUESTES ORDINAIRES de l'Hostel du Roy : A tous ceux qui ces Presentes Lettres verront, Salut. Sçavoir faisons, Qu'ENTRE Messire Gedeon du Mets, Chevalier Conseiller du Roy en ses Conseils, President en la Chambre des Comptes, Intendant & Contrôlleur des meubles de la Couronne : Dame Claude de Moussy, veuve de Messire Pierre des Mousseaux, Escuyer Conseiller du Roy en ses Conseils, grand Audiancier de France : Dame Marie Aymedicu, veuve de Messire Pierre de Saint André Escuyer, Conseiller Secretaire du Roy, Tresorier General de la Marine : Dame Marie Ferté veuve de Messire Pierre Odier Escuyer Conseiller Secretaire du Roy, Maison, Couronne de France & de ses Finances : Messire Estienne Landais Seigneur de Mauroy, Tresorier General de l'Artillerie, Elie Brossin Escuyer, Conseiller Secretaire du Roy, Tresorier des Gardes de Sa Majesté : Messire Claude Bernard Rousseau Conseiller du Roy, Auditeur ordinaire en sa Chambre des Comptes, François Moissant Escuyer Sieur de la Luzerne, Joseph Moret Escuyer, Lieutenant au Regiment des Gardes Françoises de Sa Majesté, émancipé d'âge procedant sous l'autorité de Maistre Claude du Bois Sieur du Moncetz Avocat en la Cour & ledit Sieur du Bois audit nom de son Curateur, Claude Mathieu Bourgeois de Paris, Antoine Petit Maistre Charpentier à Paris, & Dailly tous creanciers de Thomas Gobert, cy-devant Intendant des Bastimens du Roy & de Dame Marie de Lespine sa femme, Demandeurs aux fins de la Requeste par eux presentée à la Cour le   Mars 1696. tendante à ce qu'il luy plût homologuer l'Ordre atresté en la Direction des creanciers desdits Sieur & Dame Gobert pour estre executé selon sa forme & teneur ; ce faisant ordonner Commission estre délivrée aux Demandeurs pour faire assigner en la Cour les creanciers refusans, pour voir déclarer la Sentence qui interviendroit portant homologation dudit Ordre commun avec eux, & l'Ordre executé selon sa forme & teneur, & en cas de contestation condamner les contestans au dépens, desquels en tout cas les sieurs & Dames Demandeurs seront remboursez en frais de Direction comparans par Maistre François Hubert Veron leur Procureur d'une part ; Et ledit Thomas Gobert Conseiller du Roy, cy-devant Intendant de ses Bastimens, & ladite Dame Marie de Lespine sa femme parties saisies, Robert Sanson Conseiller Secretaire du Roy, Receveur des Consignations du Parlement, Requestes de l'Hostel & autres Jurisdictions de l'enclos du Palais, Maistre Pierre le Roux Procureur en la Cour en son nom, Messire Pierre Hutrel Prestre Docteur de Sorbonne, Curé de la Paroisse Sainte Marie-Magdelaine de la Ville-Levesque, Dame Catherine Bertrand veuve de Maistre Simon du Mazy Avocat en Parlement & és Conseils du Roy, François le Coûturier Escuyer sieur d'Armenonville, & Dame Elizabeth du Mazy son Epouse, ladite Dame seule heritiere dudit deffunt Sieur du Mazy, Messire Thomas Alexandre Morant Chevalier Conseiller du Roy en tous ses Conseils, Maistre des Requestes ordinaire de son Hostel, Premier President au Parlement de Toulouse, & Dame   Jacques son Espouse estans aux Droits de deffunt Messire Philippes Jacques Vivant, Escuyer Conseiller Secretaire du Roy, Greffier en chef du Parlement, Pere de ladite Dame Morant, Robert Moysant Escuyer sieur de Brieux, Damoiselle Marguerite Guignant veuve de Maistre Pierre le Foin, vivant Contrôlleur au Grenier à Sel de Paris, Maistre Jean Roux Commis au Greffe de la Cour des Aydes, ayant droit par transport de Maistre Loüis Rahault Conseiller du Roy, Substitud du Sieur Procureur General de la Cour des Monnoyes, Damoiselle Marguerite Gombault veuve du Sieur Jean Pinchon, vivant Marchand Bourgeois de Paris, Nicolas Dessegre Marbrier ordinaire du Roy, Pierre Noiret Marchand Bourgeois de Paris : Les Dames Abbesse & Religieuses de Conflans, Maistre Gilles Duchesne sieur de la Hubaterie & Darsonnal, Commis par Sa Majesté pour l'execution des reglemens Generaux des Manufactures pour les Generalitez de Caën & Alençon : Les Heritiers ou donnataires de Marguerite Calois veuve de Jean Ricard vivant Maistre Bourelier à Paris, Messire Alexandre Seguier Chevalier, ayant droit par transport de Maistre Jean Ive, au nom & comme tuteur à l'effet dudit Transport de Messire Claude Anne de Broüillard Chevalier Seigneur Comte de Coursan, fils mineur de deffunt Messire François de Broüillard, Chevalier Seigneur de Coursan, & de Dame Marguerite Miton son Epouse   Maillard Ecuyer conseiller Secretaire du Roy, Maison, Couronne de France & de ses Finances, ayant droit par Transport dudit Petit maistre charpentier à Paris, Noël Flutau Bourgeois de Paris : Les Curé, Seigneur & Habitans du lieu de Croilly, Damoiselle Justine Pinparé, veuve de feu Jean Duchemin, vivant marchand de Fer au Pech sous Saint Germain en Laye, tant en son nom comme commune, que comme tutrice des Enfans mineurs dudit deffunt & d'elle : Les Enfans & heritiers de Dame Elizabeth Gobert,

A

fille defdits fieur & Dame Gobert Parties faifies & Epoufe de Meffire Jean de la Grandiere Ecuyer Meffire Loüis Carrel Ecuyer confeiller Secretaire du Roy, Maifon, Couronne de France & de fes Finances & Receveur General des Finances de la Generalité de Paris, Anthoine Maynon, l'un des Cent Suiffes de la Garde de MONSIEUR Duc d'Orleans Frere unique du Roy, & catherine Rolline fa femme, auparavant veuve Jean-Baptifte Georges, auffi l'un des Cent Suiffes de la Garde de MONSIEUR, Eftienne Yvon couvreur ordinaire des baftimens du Roy, & l'un des cinquante Jurez Experts & bourgeois de Paris, Charles Renoüard Ecuyer fieur de la Toüanne confeiller du Roy, Treforier General de l'Extraordinaire des Guerres, ayant droit par declaration de maiftre Eftienne de Villemet bourgeois de Paris, maiftre Pierre Goujon confeiller du Roy, Receveur Général des Finances de Mets, Pierre Freffenay, maiftre Menuifier à Paris, François de la Haye & Magdelaine Foüache fa femme, Jean Lambert & Marie-Magdelaine Foüache fa femme, Charles Jobin & Barbe Foüache fa femme, Claude Lafton, Marguerite-Iulienne Foüache fa femme, Pierre Charles de Louppe de la Terriere, Tuteur des Enfans mineurs de Therefe Foüache, Ioachim Berthon, Nicolle Foüache fa femme, Touffaint Bouquet émancipé d'âge, heritier prefomptif de Barbe le Roy, laquelle eftoit commune en biens avec Anthoine Cytois marchand de bois à Paris,   Dufour marchande Lingere à Paris, Nicolas boquet & martin Ranchon marchands de Fert & compagnie, Iean Liennard Roulleur de Vins à Paris, Dominique Thevenin Huiffier, Pierre Cointray maiftre chandelier à Paris,   Pierre marchand Efpicier à Paris, & Magdelaine Demymuid à prefent fa femme, auparavant veuve de Noël Pierre, vivant marchand boullanger Gromet marchand bourgeois de Paris : Les Reverends Peres Auguftins Defchauffez, Noël Bifet, maiftre Paveur à Paris, Loüis Carpentier marchand bourgeois de Paris, Benoift maiftre maffon à Paris, meffire Eftienne Jehannot chevalier Seigneur de Bartillat, confeiller du Roy, cy-devant Garde du Trefor Royal   le Roux Franuet & Compagnie Marchands Bourgeois de Paris,   Corroyer Marchand chapelier bourgeois de Paris, le fieur Marquis de Breauté, le nommé Bonté blanchiffeur, Jeanne Martel veuve de Pierre Huré Marchand de Vin bourgeois de Paris, Nicolas Domillier Ecuyer Confeiller Secretaire du Roy, Maifon Couronne de France & de fes finances,   Sorcelle Marchand de Dantelle en or & argent bourgeois de Paris, Maiftre Bertin Dieuxivois Docteur en Medecine de la Faculté de Paris, Marie Egafte cuifiniere defdits Sieur & Dame Gobert, le nommé Bonbras boulanger à Paris, Marguerite Dupin fille de chambre defdits Sieur & Dame Gobert, le nommé Billoüard marchand Vitrier, le Sacriftain de la Paroiffe faint Euftache,   Dafly Gallois ou Boudin,   de Sorbieres banquier à Paris, Artus Charles Moreau, du Lignon ci-devant Treforier general de la marine, & fes ayans caufe, Motet marchand de bois, les Incurables,   Vatel maiftre Paveur à Paris,   Moriffeau maiftre Chirurgien, Adam Vatbois Ecuyer Confeiller Secretaire du Roy, Maifon Couronne de France & de fes finances ; les Abbeffe & Religieufes de Nôtre-Dame de Meaux,   Tarrade de Strafbourg,   de la Tour Precepteur des enfans des Sieur & Dome Gobert,   Picon Dandrefelle,   Perrichon marchand bourgeois de Paris ; les Jurez Crieurs, Bely Capitaine Suiffe, Maiftre Roch Hubert Procureur au Châtelet,   Mauduit Perruquier,   Chifaudel cordonnier,   Caillau Epicier, Marquify marchand de Dantelles,   Robin maiftre maréchal, Gonin maiftre chirurgien, Philippes Ludet,   Fontaine bourgeois de Paris, & Nicolas & Thomas Teftard, tous deffendeurs comparans ; lefdits fieur & Dame Gobert parties faifies par maiftre Pierre le Roux leur Procureur, & les autres deffaillans d'autrepart, fans que les qualitez puiffent nuire ny prejudicier aux parties, duquel ordre la teneur enfuit : L'ordre eft des creanciers de Thomas Gobert Confeiller du Roy, ci-devant Intendant de fes bâtimens, & de Dame Marie de Lefpine fon épouze : Il eft à remarquer pour l'intelligence du prefent ordre, que les biens des fieur & Dame Gobert ne font point vendus, en forte qu'il n'y a point encore de prix certain ny fixé qui puiffe fervir de regle ; mais par un Contrat du cinq Septembre 1695. paffé pardevant Bailly & fon confrere Notaires, les biens ont efté abandonnez ; & il a efté ftipulé que nonobftant ledit abandonnement, il feroit paffé outre en Juftice à la vente des biens fur les faifies réelles, anfquelles Meffire Jofeph Moret Lieutenant aux Gardes Françoifes mineur, & Maiftre Claude Dubois du Moncet Avocat en la Cour fon curateur, s'eftoient fait fubroger : Il eft encore porté expreffément que l'ordre defdits fieurs creanciers qui avoit efté commencé par le Procureur de la Direction feroit continué, à l'effet dequoy les fieurs creanciers qui n'avoient point encore mis leurs Titres és mains dudit Procureur de la Direction, feroient tenus de les mettre dans la huitaine, finon qu'ils en demeureroient déchûs, duquel ordre l'homologation feroit pourfuivie aux Requeftes de l'Hôtel où les faifies réelles font pendantes, avec ceux qui feroient refufans, & que les Adjudicataires des biens feroient tenus.

de payer le prix de leurs acquifitions , fuivant ledit ordre ainfi homologué , au defir duquel Contrat ledit Procureur a travaillé à la confection du prefent ordre qui eft tres-utile à toutes les parties , puifque d'un cofté les creanciers connoiftront l'eftat des affaires de leurs debiteurs , & que d'un autre les parties faifies verront porter leurs biens à leur jufte valeur , parce que chaque creancier connoiffant ceux qui feront avant luy , fera obligé d'encherir luy-même les biens pour entrer en ordre utile.

BIENS DONT LE PRIX EST A DISTRIBUER.

UNE grande Maifon à porte cochere fize ruë fainte Anne , qui eft prefentement occuppée par le fieur Lhuillier Fermier general , & qui eft loüée deux mil cinq cens livres par chacun an.

Une autre Maifon auffi à porte cochere fize ruë du Mail , dans laquelle demeure les fieur & Dame Gobert parties faifies ; comme elle n'a point efté loüée , on ne peut pas fçavoir au jufte ce qu'elle peut produire de loyer ; mais par eftimation le loyer pourroit eftre de mil livres.

Une Maifon compofée de deux corps de logis ; l'un fur le Quay Pelletier , & l'autre ruë de la Tannerie qui n'eft point tenuë à bail general , mais qui produit davantage , parce que les Appartemens font occuppez par differents particuliers ; elle rapporte
de loyer par chacun an.

Une grande Maifon ruë de l'Univerfité & de Verneüil , qui a ci-devant efté occuppée par Monfieur le Comte d'Auvergne , qui la loüoit quatre mil cinq cens livres par an , & qui eft prefentement occuppée par Monfieur le Maréchal de Joyeufe pour une fomme modique de trois mil livres , pour ne pas laiffer la maifon inhabitée dans le temps qu'il faut la vendre.

Un autre petit corps de logis à porte cochere eftant fur le devant de ladite grande maifon occuppée par Madame la Marquife de Caftelnau , moyennant fept cens cinquante livres par an.

Un autre pareil petit corps de logis fur la ruë eftant auffi fur le devant & fur la porte cochere dudit grand Hôtel , loüée par chacun an au fieur Brunet la fomme de cinq cens livres.

Une autre maifon fize ruë faint Claude marais du Temple , occuppée par le nommé Pequini Tailleur & par la Damoifelle de Doüay , & loüée la fomme de quatre cens quarante livres.

Une petite Place fize ruë de Verneüil & ayant fa fortie par ladite ruë , dans laquelle il y a une forge de maréchal.

Plus , quatre cens quarante-quatre livres huit fols dix deniers d'augmentation de gages créez par Edit du mois d'Octobre 1685. dont l'employ a efté fait dans l'Eftat des gages des Officiers du Parlement , moyennant la fomme de huit mil livres payée comptant aux Parties Cafuelles , fuivant les quittances de finance du fieur Teftu Treforier des Parties Cafuelles , en datte du quinze Janvier de l'année 1684. controllées au dos le feiziéme Février audit an , par Monfieur le Pelletier lors Controlleur general des finances.

Plus, il eft à remarquer qu'à commencer du quinze Janvier de l'année 1693. les fieur & Dame Gobert ont ceffé de joüir du revenu de leurs biens qui ont efté touchez par le fieur Ladmiral prépofé par les fieurs creanciers & Directeurs par le premier Contrat , que le même fieur Ladmiral continuë encore de les recevoir aujourd'huy , comme eftant nommé par le fecond Contrat d'abandonnement , en vertu duquel fe fait le prefent ordre , & qu'il continuëra de les recevoir jufqu'à ce que l'adjudication des immeubles ci-deffus ait efté faite : & comme ledit fieur Ladmiral eft tenu de rendre des comptes , un premier de ce qu'il a receu en execution du premier Contrat , & un autre de ce qu'il a receu & recevra en execution du Contrat qui fubfifte aujourd'huy ; fi par l'evenement des comptes il fe trouve debiteur , les reliquats de fes comptes fe diftribuent entre les fieurs & Dames creanciers , fuivant les privileges & hipoteques , ainfi que les prix qui proviendront des immeubles ci-deffus , parce que ce font loyers écheus pendant & conftant les faifies réelles qui fuivent la nature des fonds ; c'eft la difpofition du Contrat d'abandonnement.

Plus, la fomme de deux mil quatre cens quarante-cinq livres fept fols quatre deniers deuë par Monfieur le Comte d'Auvergne , pour refte des loyers de la grande maifon ruë de l'Univerfité & de Verneüil , lefquels eftans écheus pendant le cours de la faifie réelle , doivent pareillement eftre diftribuez comme le prix des immeubles ci-deffus.

Il y a encore un autre effet du Sieur Gobert , qu'il a couché dans l'eftat de fes dettes actives , de luy certifié veritable. Le nommé Bricard faifant baftir une maifon à Verfailles , eut recours au Sieur Gobert , lequel pour faciliter à Bricard les moyens de parachever fon baftiment , le cautionna envers deux particuliers ; fçavoir envers le Sieur Flutault bourgeois de Paris , pour le payement des arrerages , & la garentie du fort principal de cent cinq li.

vres de rente, dont le capital est de deux mille cent livres ; & envers le Sieur Duchemin charpentier, pour ouvrages de son mestier. Lesquels dans la suite ont esté reglez à la somme de dix-neuf cens quatre-vingt trois livres, Gobert pretend avoir payé plusieurs années d'arrerages de la rente de cent cinq livres, sans marquer précisément le nombre, & qu'il a payé à Duchemin quinze cens livres sur les dix-neuf cens quatre-vingt-trois livres cy-dessus. L'action contre Bricard pour la repetition des arrerages payez en son acquit à Flurault, & de la somme de quinze cens livres payez à Duchemin, ou plûrost les deniers qui en proviendront doivent estre distribuez entre les Sieurs & Dames creanciers cy-après nommez par contribution.

Les Sieur & Dame Gobert ont compris dans leur estat quatre effets mobiliers ; Le premier est une pretenduë somme de quatre cens livres qu'ils disent leur estre düe par les heritiers Testard, pour reste du bastiment de la ruë Levêque, suivant un marché fait au sujet du même bastiment, pour raison dequoy les Sieur & Dame Gobert disent qu'il y a contestation.

Le second consiste dans une somme de six cens livres, que les Sieur & Dame Gobert declarent leur estre düe par le Sieur Laugeois, pour des gravois & recoupes de pierres qu'il avoit fait mettre dans la place desdits Sieur & Dame Gobert, ruë de l'Université, provenant du bastiment attenant qu'il a fait faire, dont ils disent n'avoir point de billet dudit Sieur Laugeois.

Le troisiéme effet mobilier consiste en la somme de cent trente-six livres qu'ils disent leur estre düe par la succession de defunt Monsieur Guitry, pour reste de plus grande somme, pour laquelle le Sieur Gobert dit avoir esté compris dans l'estat de ses creanciers, qui est en la possession de Mousle Notaire. Le dernier consiste en la somme de soixante-seize livres, pour reste de cent dix livres contenuë au billet du Sieur Fontenay. Ces quatre effets & l'effet cy-dessus, ne peuvent point estre distribuez par privilege ni par hypoteque, ce sont des effets mobiliers qui doivent estre contribuez ; ainsi les Sieurs Directeurs pour ne point se jetter dans les frais d'une discution inutile, ils abandonneront aux creanciers sur lesquels le fond manquera, lesdits quatre effets pour en faire le recouvrement à leurs risques, perils & fortunes. En l'année 1661. la Dame Gobert a esté mariée par ses pere & mere lors vivans. En l'année 1667. après le decés de la mere, il a esté fait un partage entre le pere & les enfans : La Dame Gobert se trouvant avoir reçû plus qu'il ne pouvoit luy revenir, elle a renoncé à sa succession par acte du
Et à l'égard de la succession du pere, il n'a point encore esté fait de partage. Mais les heritiers mandez aux assemblées, ont rapporté des estats, pour faire voir que lesdits Sieur & Dame Gobert sont remplis au delà de ce qu'ils pouvoient pretendre pour leur part dans ladite succession.

CREANCIERS PRIVILEGIEZ SVR TOVS LES EFFETS.

Remise faite
aux Sieur &
Dame Gobert

PREMIEREMENT, ledit Thomas Gobert Conseiller du Roy, cy-devant Intendant de ses Bastimens, & de ladite Damoiselle Marie de Lespine sa femme parties saisies, préleveront sur le prix de chaque adjudication les deux sols pour livre de toutes les ventes exemptes de toutes charges, droits de consignations & frais, & ce pour la remise qui leur a esté faite par le Contract de Direction, en consideration de l'abandonnement de leurs biens, en cas toutefois que le prix de toutes les ventes puisse estre porté jusques à la somme de deux cens mille livres, pour pouvoir produire la remise de vingt mille livres accordée par ledit Contract : Et si lesdites adjudications ne se trouvoient monter à ladite somme de deux cens mille livres, les deux sols pour livre de ce qui s'en defaudra, seront pris sur les deniers procedans de toutes les adjudications au sol la livre ; en sorte que ladite remise ne pourra estre moindre de vingt mille livres, qui sera prélevée par lesdits Gobert & sa femme, sera supportée par les creanciers qui entreront utilement en ordre, suivant que lesdits Sieurs creanciers le regleront entre eux en la Direction, le tout conformément aux susdits Contract d'abandonnement, qui contient les motifs qui ont déterminé les Sieurs creanciers à accorder ladite remise de vingt mille livres.

Droits de
Consignation.

Sera Robert Sanson Conseiller Secretaire du Roy, Receveur des Consignations du Parlement, Requestes de l'Hostel, & autres Jurisdictions de l'enclos du Palais, aussi payé sur le prix de chaque adjudication du sol pour livre, qui luy est attribué pour son droit de Consignation.

Frais extra-
ordinaires de
Criées.

Seront Messire Joseph Moret, Escuyer Lieutenant au Regiment des Gardes Françoises, mineur procedant sous l'autorité de maistre Claude Dubois Sieur du Moncet, poursuivant les criées, vente & adjudication par decret des biens cydessus specifiez, payez par privilege & par concurrence avec les Sieurs Directeurs, de tous les frais extraordinaires de criées par eux faits pour parvenir à la vente desd. biens, & incidens en dépendans, & ce suivant la taxe qui en sera faite en la maniere accoûtumée, avec le Procureur des parties saisies, & le Procureur plus ancien des creanciers opposans, oppofans, dont l'executoire fera délivré au profit de maiftre François Hubert Veron Procureur en la Cour, comme les ayant faits & avancez ; fur lefquels déduction fera faite des fommes qu'il fe trouvera avoir reçûës, & la fomme à laquelle fe trouveront monter lefdits frais, fera portée fur le prix de chaque adjudication au fol la livre.

Seront Meffire Gedeon du Metz Confeiller du Roy en fes Confeils, Prefident en fa Chambre des Comptes, Intendant & Contrôlleur general des Meubles de la Couronne, Elie broffin Efcuyer, Confeiller Secretaire du Roy, Treforier des Gardes du Corps de Sa Majefté & conforts, creanciers & directeurs des droits des autres creanciers defdits Gobert & fa femme, auffi payez par privilege & par concurrence avec lefdits Sieurs Moret & Dubois de tous les frais par eux faits pour l'homologation des Contracts & Actes paffez dans la direction & incidens en dépendans, de ceux qu'il conviendra faire pour l'homologation du prefent Ordre, & des frais qui feront faits en confequence fuivant la taxe qui en fera faite en la maniere accouftumée avec le Procureur des Parties Saifies & le Procureur plus ancien des creanciers oppofans, dont l'Executoire fera délivré au profit de Maiftre François Hubert Veron Procureur en la Cour & de la Direction, comme les ayant faits & avancez ; fur lefquels ledit Veron fera tenu de tenir compte des Sommes qu'il fe trouvera avoir reçûës, & la fomme à laquelle fe trouveront monter lefdits frais fera répanduë fur tous les prix des adjudications au fol la livre. *Frais des Directeurs.*

Sera auffi Maiftre Pierre le Roux Procureur en la Cour payé par privilege de la Somme de cent quatre-vingt-fept livres trois fols neuf deniers pour frais par luy faits pour l'homologation d'un premier Contract paffé entre lefdits Sieur & Dame Gobert Parties Saifies & une partie de leurs creanciers, fuivant que lefdits frais ont efté reglez à l'amiable par Maiftre François Hubert Veron Procureur de la Direction, fuivant le pouvoir qui luy en a efté donné par lefdits Sieurs Directeurs. *M. Pierre le Roux.*

CREANCIERS PRIVILEGIEZ SUR LA MAISON
ruë Sainte Anne.

AVANT que d'entrer dans les collocations particulieres de tous les Sieurs & Dames creanciers, il eft neceffaire de remarquer que les Parties Saifies ont donné un eftat de toutes leurs dettes actives & paffives, dans lequel ils ont marqué & liquidé tous les arrerages & interefts qu'ils doivent écheus jufqu'au dernier Decembre de l'année 1692. depuis il y a trois années qui fe font écoulées & qui font expirées au dernier Decembre 1695. mais comme des deniers qui ont efté receus par ledit Sieur Ladmiral, chaque creancier a receu une année d'arrerages ou interefts, on ajoûtera aux Sommes dont lefdits Gobert & fa femme fe font trouvez debiteurs par ledit eftat, deux années feulement écheuës au dernier Decembre audit an 1695.

Sera Meffire Pierre Hutrel Preftre, Docteur de Sorbonne, Curé de la Paroiffe de la Magdeleine de la Ville-Levefque, payé par privilege & preference à tous creanciers fur le prix qui proviendra de la vente de ladite maifon ruë Sainte Anne, occupée par ledit Sieur Lhuillier Fermier general, des arrerages écheus jufqu'au jour de l'adjudication de vingt-deux livres dix-neuf fols de rente fonciere que les Curez de la Ville-Levefque ont droit de prendre fur ladite maifon, de laquelle rente fonciere les Sieur & Dame Gobert Parties Saifies ont paffé titre nouvel le ving-troifiéme Octobre de l'année 1673. & fera l'adjudicataire chargé d'acquitter les arrerages de ladite rente qui écheront depuis l'adjudication, & mefme eftant une des conditions & une charge de ladite adjudication. Sera encore ledit meffire Pierre Hutrel Curé de la Ville-Levefque auffi payé par privilege fur le prix de ladite maifon de la Somme de cent deux livres, à laquelle fe font trouvez monter les frais par luy faits pour la confervation de ladite rente, & avoir payement des arrerages d'icelle, fuivant qu'ils ont efté reglez par maiftre Veron Procureur de la Direction. *M. Pierre Hutrel.*

Seront Dame Catherine bertrand veuve de maiftre Simon du Mazy Avocat en Parlement & és Confeils du Roy, François le Couturier Efcuyer Sieur d'Armenonville & Dame Elizabeth du Mazy fon épouze : ladite Dame feule heritiere dudit Deffunt Sieur du Mazy, auffi payez par privilege fur le prix de ladite maifon de la fomme de deux mil livres pour arrerages écheus au dixiéme Decembre de l'année 1695. de quatre cens livres de rente au principal de huit mil livres reftans dûs de la fomme de quinze mil neuf cens trente livres, moyennant laquelle ledit feu maiftre Simon du Mazy Avocat au Confeil & Damoifelle Catherine bertrand fa femme, ont par contract paffé pardevant Routier & Saintfray Notaires au Chaftelet de Paris le dix feptiéme Ianvier 1669. vendu aufdits Sieur & Dame Gobert Parties faifies la moitiée d'une Place à baftir fize ruë Sainte Anne, fur laquelle ladite maifon ruë Sainte Anne eft prefentement baftie. Plus, fera ladite veuve du Mazy & lefdits Sieur & Dame d'Armenonville payez comme deffus des arrerages defdits quatre cens livres de rente écheus depuis ledit jour dixiéme Decembre 1695. jufqu'à prefent, & de ceux qui écheront jufques à l'actuel payement : Comme auffi de la fomme de huit mil livres de principal pour l'amortiffement de ladite rente. *Les veuve & heritiers du Mazy.*

B

Monsieur &
Madame
Morant.

Seront meſſire Thomas Alexandre Morant Conſeiller du Roy en tous ſes Conſeils, Maiſtre des Requeſtes ordinaire de ſon Hoſtel, Premier Preſident au Parlement de Touſouze, & Dame   Iacques ſon épouze, eſtans aux droits de deffunt meſſire Philippes Iacques vivant Eſcuyer, Conſeiller, Secretaire du Roy, Greffier en Chef du Parlement, pere de ladite Dame Morant, auſſi payez par privilege ſur le prix de ladite maiſon de cinq mil trois cens dix-huit livres pour arrerages écheus du paſſé juſqu'au dernier Decembre 1695. de mil livres de rente conſtituez par leſdits Sieur & Dame gobert, ſolidairement au profit dudit deffunt Sieur Iacques, par contract paſſé pardevant Chauffiere & Marion Notaires au Chaſtelet de Paris le vingt-troiſiéme Mars de l'année 1671. avec promeſſe d'employer ladite ſomme à la conſtruction des baſtimens qu'ils entendoient faire ſur ladite Place acquiſe par leſdits Sieur & Dame gobert, deſdits Sieur & Dame du Mazy, dont ils ſeroient tenus de faire des marchez avec les ouvriers neceſſaires ou un maſſon qui entreprendroit le tout. Iceux marchez paſſez pardevant Notaires, & par iceluy, & par les quittances qui ſeroient miſes enſuite, declarer que la ſomme de vingt mille livres, principal deſdits mille livres de rente, y ſeroit entrée, afin que ledit Sieur Jacques eût un privilege preferablement à qui que ce ſoit ſur les maiſons & baſtimens qui ſeroient conſtruits ſur ladite place. Au deſir duquel Contract de conſtitution, & enſuite d'un devis d'ouvrages qu'il convenoit faire pour la conſtruction de ladite maiſon ruë Sainte Anne, il a eſté paſſé un acte pardevant ledit Marion & ſon Confrere Notaires au Chaſtelet de Paris, le cinquiéme Juin audit an 1671. entre le Sieur de Leſpine Juré du Roy és œuvres de Maſſonneries, & ledit Thomas Gobert partie ſaiſie ; par lequel ledit Sieur de Leſpine s'eſt obligé de faire faire les ouvrages mentionnez audit marché, pour le prix porté audit Acte ; & a reconnu avoir reçû comptant en déduction du prix deſdits ouvrages, la ſomme de ſix mille livres dudit Sieur Gobert , qui a declaré que ladite ſomme provenoit & faiſoit partie des vingt mille livres portez par le Contract cy-deſſus. Leſquels ouvrages ayant eſté faits, ils ont eſté reçûs par un Procés verbal de toiſé du dix-neuf Mars 1672. & ſe ſont trouvez monter à la ſomme de trente mille quatre cens trente-cinq livres quinze ſols que leſdits Gobert & ſa femme ont achevé de payer, ſuivant qu'il paroiſt par quittance paſſée pardevant ledit Marion & ſon Confrere Notaires au Chaſtelet de Paris , le vingt Juin audit an 1672. eſtant de la ſomme de vingt-quatre mille quatre cens trente-cinq livres cinq ſols, avec declaration qu'il y en avoit quatorze mille livres procedant des vingt mille livres par eux empruntez dudit deffunt Sieur Jacques, par le Contract cy-deſſus datté ; faiſant leſdits quatorze mille livres avec les ſix mille livres contenus en la quittance d'employ cy-deſſus, la ſomme entiere de vingt mille livres ; laquelle rente de vingt mille livres en principal & arrerages, ledit defunt Sieur Jacques a cedez auſdits Sieur & Dame Morant, par leur Contract de mariage, en déduction de la dot de ladite Dame.

Monsieur &
Madame
Morant.

Plus, ſeront leſdits Sieur & Dame Morant, auſſi payez par privilege, des arrerages deſdits mille livres de rente échûs depuis le dernier Decembre 1695. & de ceux qui écherront juſqu'à l'actuel payement ; comme auſſi de la ſomme de vingt mille livres pour le ſort principal & amortiſſement de ladite rente. Et en cas que par la vente le prix de ladite maiſon ruë Sainte Anne, ne ſe trouvaſt pas ſuffiſant pour acquitter les charges & les creanciers privilegiez cy-deſſus colloquez, ventillation ſera faite du fonds avec la ſuperficie par rapport au prix de l'adjudication, pour eſtre la ſomme à laquelle le fonds ſera eſtimé, touchée par les heritiers du Mazy, en déduction de leurs creances privilegiées, & celle à laquelle les baſtimens ſeront portez, auſſi touchez par leſdirs Sieur & Dame Morant.

CREANCIERS PRIVILEGIEZ SVR LA MAISON
rue du Mail.

Madame
Hoſdier.

SERA Dame Marie Ferré veuve de Meſſire Pierre Hoſdier, Eſcuyer Conſeiller Secretaire du Roy, Maiſon, Couronne de France, & de ſes Finances, tant pour elle que Meſſieurs ſes enfans, auſſi payée par privilege ſur le prix qui proviendra de la maiſon ruë du Mail, de la ſomme de treize cens huit livres, pour arrerages échûs au dernier Decembre de l'année 1695. de deux cens dix-huit livres douze ſols huit deniers de rente, faiſant partie de deux cens cinquante livres de rente conſtituée par leſdits Sieur & Dame gobert parties ſaiſies, ſolidairement au profit dudit defunt Sieur Hoſdier, par Contract paſſé pardevant Sainfray & ſon Confrere Notaires au Chaſtelet de Paris, le vingt-neuf Aouſt de l'année 1671. moyennant cinq mille livres de principal, avec promeſſe d'employer dudit capital quatre mille neuf cens vingt-ſept livres treize ſols, au payement de pareille ſomme dûë par leſdits Sieur & Dame gobert, à maiſtre Pierre Bezard Treſorier Payeur des gages de la Compagnie des gendarmes, pour le prix principal d'une place à baſtir, acquiſe dudit Sieur Bezard, où eſtoit lors baſtie ladite maiſon ruë du Mail, par Contract du douze Juin de l'année 1669. & des intereſts qui en eſtoient dûs & échûs ; lequel employ a eſté fait le même jour, par quittance paſſée pardevant les mêmes Notaires ; ſçavoir quatre mille trois cens soixante-douze livres huit sols, pour le payement du restant du principal, & cinq cens cinquante-cinq livres cinq sols pour tous les interests qui auroient couru dudit principal ; lesquels quatre mille trois cens soixante-douze livres huit sols ont produit depuis par chacun an lesdits deux cens dix-huit livres douze sols huit deniers de rente.

Plus, sera ladite Dame Marie Ferré, payée aussi par privilege des arrerages desdits deux cens dix-huit livres douze sols huit deniers, échûs depuis le dernier Decembre 1695. & qui écherront jusqu'à l'actuel payement. Comme aussi desdits quatre mille trois cens soixante-douze livres huit sols de principal, faisant partie des cinq mille livres portez par ladite constitution. Sera en outre ladite Dame Marie Ferré veuve dudit Sieur Hosdier, aussi payée par privilege sur le prix de ladite maison ruë du Mail, de la somme de cinq cens cinquante-cinq livres cinq sols, pour le restant desdits quatre mille neuf cens vingt-sept livres treize sols, qui ont esté remboursez de ses deniers audit Bezard, suivant la quittance d'employ cy-dessus dattée ; lesquels cinq cens cinquante-cinq livres cinq sols ont produit des arrerages, comme faisant partie des cinq mille livres prestez à constitution, pour raison des arrerages ; desquels cinq cens cinquante-cinq livres cinq sols, ladite Dame veuve Hosdier ne peut avoir aucun privilege sur ladite maison, dautant qu'ils ont servy à acquitter des interests qui n'ont pû produire d'autres interests, sauf à colloquer cy-aprés ladite Dame Hosdier, pour lesdits arrerages & pour le restant de son principal.

Madame Hosdier.

CREANCIERS PRIVILEGIEZ SVR LA MAISON
située Quay Pelletier & rue de la Tannerie.

SERA Robert Moizan Escuyer Sieur de Brieux, payé par privilege sur les deniers qui proviendront de la vente de ladite maison Quay Pelletier & ruë de la Tannerie, & par concurrence avec la Dame Audibert cy-aprés nommée, de quatorze cens quatre-vingt-seize livres quinze sols, pour arrerages échûs au dernier Decembre mil six cens quatre-vingt-quinze, de deux cens quatre-vingt-dix-neuf livres sept sols, faisant partie de trois cens livres de rente constituée par lesdits Sieur & Dame Gobert solidairement au profit dudit Sieur Moizan de saint Brieux, par Contract passé pardevant Chupin & Sainfray Notaires au Chastelet de Paris, le deux Decembre de l'année 1676. avec promesse d'employer ladite somme au reste & parfait payement des Ouvriers qui avoient construit ladite maison Quay Pelletier & ruë de la Tannerie, & de fournir quittance d'employ portant subrogation. au desir duquel Contract lesdits Sieur & Dame Gobert ont payé par quittances du même jour, passée pardevant ledit de Sainfray & son Confrere Notaires, à Edme Guillerant maistre menuisier à Paris, la somme de quinze cens quarante-cinq livres un sol, pour Ouvrages de menuiserie faits par ledit Guillerant à ladite maison, suivant le Dévis desdits Ouvrages sous signature privée, demeuré annexé à la minute de ladite quittance, avec declaration que lesdits quinze cens quarante-cinq livres un sol, proviennent & font partie des six mil livres ci-dessus, & subrogation consentie par ledit Guillerant, au profit dudit Sieur Moizant de saint Brieux, quatre cens quatre-vingt-cinq livres dix-huit sols six deniers d'autre, à François Perrine maistre Pottier de terre à Paris, suivant sa quittance passée pardevant ledit Sainfray Notaire, le neuviéme des mêmes mois & an, pour les Ouvrages de carreaux fournis pour ladite maison, suivant le memoire annexé à la minute de ladite quittance, portant declaration d'employ & subrogation au profit dudit Sieur Moizan de saint Brieux, & trois mil neuf cens cinquante-cinq livres dix sols encore d'autre, à Pierre Sainson maistre Charpentier à Paris, suivant sa quittance du six Decembre audit an 1676. passée devant Sainfray & son Collegue Notaires, pour tous les Ouvrages de charpente & pour la fourniture de bois faite pour ladite maison, suivant le marché sous signature privée, passé entre ledit Gobert & ledit Sainson le vingt-deuxiéme Aoust de l'année 1674. reconnu par Acte passé pardevant Buzet & Mousle Notaires au Chastelet de Paris, le treize May 1676. ladite quittance portant declaration d'employ & subrogation au profit dudit sieur Moisan de Brieux, faisant lesdites trois sommes de quinze cens quarante-cinq livres, quatre cens quatre-vingt-cinq livres dix-huit sols six deniers, & trois mil neuf cens cinquante-cinq livres dix sols ; celle de cinq mil neuf cens quatre-vingt-six livres dix-neuf sols six deniers, qui a produit lesdits deux cens quatre-vingt-dix-neuf livres sept sols de rente : Sera encore ledit Sieur Moisan de saint Brieux payé par privilege & par concurrance comme dessus des arrerages desdits deux cens quatre-vingt-dix-neuf livres sept sols, à compter du dernier Decembre 1695. écheus & qui écherront jusqu'à l'actuel payement ; & desdits cinq mil neuf cens quatre-vingt-six livres dix-neuf sols six deniers de principal, dont l'employ a esté fait au desir du susdit contract de constitution, sauf à colloquer ci-aprés par hypoteque ledit Sieur Moisan pour le restant de son principal, montant à treize livres six deniers & pour les arrerages qui en sont écheus & qui écherront ci-aprés, dont l'employ n'a point esté fait au desir du contract de creation de ladite rente.

Robert Moizan de Brieux

Sera Damoiselle Marguerite Guinan veuve de Maistre Pierre Lefoin, vivant Controlleur

Madame le Fouing.

au Grenier à Sel de Paris , aussi payée par privilege sur les deniers qui proviendront de la vente de ladite maison , & par concurrance avec ledit Sieur Moisan de saint Brieux , de la somme de neuf cens soixante-quatorze livres douze sols pour arrerages écheus au dernier Decembre de l'année 1695. de deux cens quatre-vingt-cinq livres, quatre sols de rente , faisant partie de trois cens livres de rente constituée solidairement par lesdits Gobert & sa femme au profit de ladite veuve Lefoin , par contract passé pardevant Malingre & Sainfray Notaires au Chastelet , le trentiéme Janvier de l'année 1679. avec promesse d'employer ladite somme au payement de ce que lesdits Gobert & sa femme devoient de reste de tous les Ouvrages de massonnerie faits à la construction de ladite maison ruë de la Tannerie & du Quay Pelletier , d'en rapporter quittance d'employ & subrogation à son profit , au desir de laquelle stipulation d'employ lesdits Sieur Gobert & sa femme ont payé à Denis Mury maistre masson à Paris , la somme de cinq mil huit cens quarante-cinq livres ; sçavoir cinq mil sept cens quatre livres pour reste & parfait payement de tous les Ouvrages de massonnerie faits par ledit Mury en la maison dont est question , suivant le Dévis desdits Ouvrages passé sous signature privée entre ledit Mury & ledit Gobert , le sixiéme Janvier 1695. reconnu pardevant Notaires par Acte du vingt-huit Juillet de l'année 1677. portant aussi reconnoissance que lesdits Ouvrages avoient esté faits & qu'ils montoient à six mil cinq cens quatre livres huit sols onze deniers , suivant le Procez verbal de toisé du même jour ; lequel Mury faute de payement de cinq mil sept cens quatre livres qui luy restoient deubs desdits six mil cinq cens quatre livres huit sols onze deniers , auroit obtenu Sentence de condamnation de ladite somme & interests contre lesdits Gobert & sa femme, cent trente-quatre livres treize sols six deniers pour interests desdits cinq mil sept cens quatre livres , & six livres six sols six deniers pour les frais ; ladite quittance portant declaration d'employ & subrogation au profit de ladite Dame veuve Lefoin. Plus , sera ladite Damoiselle aussi payée par preferance & par concurrance avec ledit Sieur Moisan , des arrerages desdits deux cens quatre-vingt-cinq livres quatre sols écheus depuis ledit jour dernier Decembre 1695. & qui écherront jusqu'à l'actuel payement , & desdits cinq mil sept cens quatre livres de principal , faisant partie de six mil livres prix de la constitution , lesquels ont servy au payement dudit Mury : Sera aussi ladite Damoiselle veuve Lefoin payée par privilege sur le prix de ladite maison des sommes de cent trente-quatre livres treize sols six deniers , & six livres six sols six deniers , faisans partie des six mil livres prix de la constitution , qui ont servy au payement des interests & frais deubs audit Mury , suivant la quittance d'employ ci-dessus , sans qu'elle puisse pretendre les arrerages desdites deux sommes , n'estant pas deub des interests d'interests , sauf à colloquer ci-aprés ladite Damoiselle par ordre d'hypoteque pour lesdits arrerages , & pour la somme de cent cinquante-cinq livres restant des six mil livres , dont l'employ n'a point esté fait , au desir du Contract de constitution : & en cas que le prix auquel ladite maison sera porté ne se trouvât pas suffisant pour acquitter les charges , les droits de consignations , les frais & les sommes pour lesquelles lesdits Moisan & veuve Lefoin ont esté ci-dessus colloquez utilement , Ordonne que ventillation sera faite des Ouvrages de Massonnerie , Menuiserie , Carreau & Charpente , par rapport à l'adjudication pour le prix de la maçonnerie estre donné à ladite veuve Lefoin sur sa collocation , & le prix des autres Ouvrages audit Sieur Moisan.

CREANCIERS PRIVILEGIEZ SUR LES TROIS
Maisons rüe de l'Vniverfité & de Verneuil.

Maistre Iean Roux.

SERA Maistre Iean Roux Commis au greffe de la Cour des Aydes , ayant droit par transport de maistre Loüis Rahault Conseiller du Roy , Substitud de monsieur le Procureur general de la Cour des Monnoyes passé pardevant le Maistre & Robillard Notaires au Chastelet de Paris le vingt-troisiéme Iuin 1695. payé par privilege sur le prix qui proviendra desdites trois maisons , mesme par preference à tous les autres creanciers privilegiez de la somme de treize cens quatre-vingt-quatre livres de principal portée par l'obligation dudit sieur gobert au profit dudit sieur Rahault passée pardevant Chevrel & Robillard Notaires au chastelet de Paris le dernier Octobre de l'année 1692. portant promesse d'employer ladite promesse au payement de pareille qu'il devoit à maistre charles Sinson Avocat en Parlement , & Damoiselle Marie Sinson femme du sieur charles gelée bourgeois de Paris , Damoiselle Magdelaine Sinson femme de Me Estienne Ledoux le jeune Procureur au chastelet & consorts , enfans & heritiers par benefice d'inventaire de deffunte Marie Bouquet , au jour de son deceds femme du sieur Sinson leur pere , Entrepreneur des bastimens du Roy ; Sçavoir douze cens livres de principal porté en l'Acte obligatoire en forme de Transaction passé par ledit gobert au profit desdits heritiers Sinson pardevant ledit Robillard & son confrere Notaires au chastelet de Paris le deuxiéme Octobre de l'année 1689. pour tout ce que ledit sieur gobert estoit condamné par Sentence contradictoire du premier Mars 1686. de payer & rembourser ausdits heritiers Sinson tant pour l'indemnité de la moitié des murs separans les

trois

trois maisons dont est question, & celle des heritiers Sinson jusqu'à la hauteur de closture, que pour ce qui avoit esté occupé dudit mur par les bastimens que ledit sieur Gobert auroit fait faire contre iceluy, à la construction desquels bastimens lesdits heritiers Sinson se sont opposez par Acte du   mesme obtenu des deffenses du sieur Lieutenant Civil le   de passer outre à la construction des bastimens qui avoient esté commencez, cent soixante dix-sept livres dix sols pour les interests de ladite somme de douze cens livres, à compter du quinziéme Novembre 1689. jour de la demande, suivant qu'ils ont esté adjugez par Sentence du   & six livres pour tous les frais faits par lesdits heritiers Sinson pour avoir payement desdits douze cens livres, lequel employ a esté fait par quittance du trente-uniéme Octobre 1692. Sera encore ledit maistre Roux, audit nom, payé des interests desdits douze cens livres de principal, à compter dudit jour trente-uniéme Octobre 1692. écheus jusques à present, & de ceux qui écheront jusqu'à l'actuel payement : comme aussi de la somme de cent cinquante livres à laquelle les frais & mises d'execution & dépens faits par lesdit sieurs Rahault & Roux ont esté reglez à l'amiable par le Procureur de la Direction & sans frais.

Seront Elie Brossin Escuyer, Conseiller du Roy, Tresorier des Gardes du Corps de Sa Majesté & Damoiselle Blanche François son épouze payez par privilege sur le prix desdites trois maisons, & par concurrence avec monsieur du Metz de la somme de quatre cens livres pour arrerages écheus au dernier Decembre de l'année 1695. de quatre cens livres de rente, au principal de huit mil livres restans deubs de celle de vingt-sept mil cinq cens livres, moyennant laquelle par contract passé pardevant Buon & Sainfray Notaires au Chastelet de Paris le vingt-huitiéme Mars de l'année 1685. Damoiselle Renée François fille majeure & maistre Gabriel Quentin Avocat en la Cour, au nom & comme tuteur de ladite Damoiselle Blanche François lors mineure, & à present épouze dudit sieur Brossin, ont vendu audit Gobert partie saisie une piece de Terre à bastir, contenant en superficie cinq cens toises ou environ size à Saint Germain des Prez, susdite ruë de l'Université & de Verneuïl, moyennant la somme de vingt-sept mil cinq cens livres, sur lesquelles cinq cens toises de place lesdites trois maisons sont à present basties : seront aussi lesdits sieur & Damoiselle Brossin payez par privilege des arrerages écheus depuis ledit jour dernier Decembre 1695. & de ceux qui écheront jusqu'à l'actuel payement, & de la somme de huit mil livres pour le sort principal desdits quatre cens livres de rente, & de la somme de deux cens vingt-quatre livres quatorze sols à laquelle les dépens, frais & mises d'execution faits par lesdits sieur & Damoiselle Brossin ont esté reglez par le Procureur de la Direction.

M. Brossin.

Et attendu que par contract passé pardevant Savigny & de Clersin Notaires au Chastelet le quatriéme Septembre de l'année 1690. ledit Thomas Gobert & ladite Marie de Lespine son épouze ont vendu au sieur Jean-Baptiste Georges maistre distilateur à Paris, & l'un des Cent Suisses de la garde de Monsieur Duc d'Orleans & Catherine Rolinne sa femme, une place de Terre contenant six toises trois pieds neuf poulces, faisant partie de la place cy-dessus, moyennant la somme de six mil livres, lesquels ont esté deleguez en payement ausdits sieur & Dame Brossin en déduction des huit mil livres cy-dessus, & la delegation acceptée par eux, sans préjudice de leurs droits & de leurs privileges sur le restant de leur place, les creanciers posterieurs colloquez ausdits sieur & Dame Brossin pourront exercer leurs droits & se faire payer des arrerages desdits six mil livres montans à trois cens livres par an desdits Georges & sa femme, ainsi qu'ils aviseront, si mieux n'aiment lesdits sieur & Dame Brossin se tenir à ladite delegation, auquel cas la collocation cy-dessus ne subsistera que pour deux mil livres & les arrerages, ce que lesdits sieur & Dame Brossin seront tenus d'opter dans huitaine, à compter du jour de la signification qui leur sera faite à personne ou domicile, de la Sentence qui homologuera le present Ordre, sinon l'option referée aux creanciers posterieurs.

M. Du-metz.

Sera ledit Messire Gedeon du Metz Conseiller du Roy en ses Conseils, President en la Chambre des Comptes aussi payé par privilege sur les deniers qui proviendront de la vente desdites trois maisons, & par concurrence avec lesdits sieur & Dame Brossin de la somme de deux mil huit cens trente trois livres six sols huit deniers pour arrerages écheus au dernier Decembre 1695. de quatre cens livres de rente, faisant moitié de huit cens livres de rente, constituée à son profit par lesdits sieur & Dame Gobert, solidairement par contract passé pardevant Touvenot & Sainfray Notaires au Chastelet de Paris, le dernier May de l'année 1686. avec promesse d'employer la somme de seize mil livres principal desdits huit cens livres de rente, au rachapt de pareille rente de huit cens livres de bail d'heritages deuë par lesdits Sieur & Dame Gobert ausdites Damoiselles Renée & Blanche François filles, pour partie du prix de ladite Place à bâtir size quartier Saint Germain Desprez, ruës de l'Université & de Verneüil, contenant cinq cens toises ou environ, sur laquelle lesdites trois Maisons sont presentement bâties ; au desir de laquelle stipulation d'employ, lesdits Sieur & Dame Gobert par quittance passée pardevant le Semelier & Sainfray Notaires au Châtelet de Paris, le deuxiéme Juillet 1686. Ont payé à ladite Damoiselle Renée François lors fille majéure, la somme de huit mil livres pour le rachapt de quatre cens livres de rente, faisant moitié de huit cens livres, avec declaration que ladite somme de huit mil livres provenoit & faisoit partie des deniers de la constitution dudit Sieur du Metz: Sera aussi ledit Sieur President du Metz payé par privilege sur les deniers qui proviendront de la vente desdites trois Maisons & par concurrance avec ledit Sieur Brossin des arrerages desdits quatre cens livres de rente escheus depuis ledit jour dernier Decembre 1695. & de ceux qui escheront jusques à l'actuel payement ; comme aussi de la somme de huit mil livres pour le sort principal, rachat & amortissement desdits quatre cens livres de rente sauf à colloquer cy-aprés ledit Sieur President du Mets par Ordre d'hipoteque pour les arrerages & pour le principal desdits quatre cens livres de rente restant desdits huit mil livres, dont l'employ n'a point esté fait conformément à la stipulation portée par ledit Contract.

M. Sanson.   Sera ensuite ledit Robert Sanson Escuyer, Conseiller Secretaire du Roy, Receveur des Consignations, ayant droit par declaration du Sieur Andoüillé Bourgeois de Paris passé pardevant Gallois & Thibert Notaires au Chastelet de Paris le sixiéme Avril de l'année 1686. aussi payé par privilegé sur les deniers qui proviendront de la vente & adjudication desdites trois Maisons, de la somme de sept mil huit cens livres de principal portée par l'Obligation dudit Sieur Gobert dudit jour 6. Avril 1686. passée pardevant lesdits Gallois & Thibert Notaires, faite au profit dudit Sieur Andoüillé avec promesse d'employer ladite somme avec trois mil six cens trente-sept liv. un sol huit deniers de ses deniers à la consignation qu'il estoit obligé de faire entre les mains dudit Sieur Sanson, de la somme de onze mil quatre cens trente-sept livres un sol huit deniers, faisant partie de celle de douze mil vingt-sept livres un sol huit deniers ; Sçavoir onze mil cinq cens livres pour le principal, faisant aussi partie de la somme de vingt-sept mil cinq cens livres, moyennant laquelle avoit esté adjugé audit Gobert par Decret du Chastelet du neuf Février lors dernier. Une piece de Terre située à Saint Germain des Prez, sizes ruë de l'Université & de Verneüil contenant cinq cens toises ou environ saisie sur ledit Sieur Gobert, comme l'ayant acquis desdites Damoiselles Renée & Blanche François, sur laquelle place les trois Maisons en question sont à present basties, & de cinq cens vingt-sept livres un sol huit deniers pour les interests desdits onze mil cinq cens livres au desir de laquelle stipulation l'employ a esté fait par la Quittance de Consignation du mesme jour au profit dudit Sieur Andoüillé.

M. Sanson.   Sera pareillement ledit Sieur Sanson audit nom payé par privilege de la somme de deux mil sept cens trente cinq livres pour interests desdits sept mil huit cens livres escheus depuis le vingt-trois Decembre de l'année 1687. jour de la demande jusqu'au dernier Decembre de l'année 1695. suivant qu'ils ont esté adjugez par Sentence du Chastelet du dix Mars 1688. signifiée le vingt-deux des mesmes mois & an; comme aussi des interests desdits sept mil huit cens livres escheus depuis le dernier Decembre 1695. & de ceux qui escheront jusqu'à l'actuel payement.

Mrs Moret & Dubois.   Seront lesdits Messire Joseph Moret Escuyer Lieutenant au Regiment des Gardes, mineur procedans sous l'autorité de Maistre Claude Dubois du Moncetz Avocat en la Cour, & ledit Dubois audit nom payez par privilege sur le prix qui proviendra de la Grande Maison ruë de l'Université, presentement occupée par Monsieur le Mareschal de Joyeuse, & d'une autre petite à gauche en entrant dans la grande loüée au Sieur Brunet la somme de cinq cens livres, & notamment sur le prix des ouvrages de Massonnerie & Carrelage, & par concurrence avec la Dame des Mousseaux de la somme de deux mil neuf cens une livres seize sols pour arrerages escheus au dernier Decembre de l'année 1695. de sept cens livres de rente constituée par les sieur & Dame Gobert solidairement par Contract passé pardevant Touvenot & Sainfray Notaires au Chastelet de Paris le dernier May de l'année 1686. au profit dudit Sieur Dubois au nom & comme Tuteur dudit Sieur Moret, avec Promesse d'employer ladite somme de quatorze mil livres, principal de ladite rente au payement des Ouvriers qui construisoient les trois maisons ruë de l'Université, d'en rapporter quittance d'employ & subrogation, au desir duquel contract lesdits sieur & Dame Gobert ont par quittance du trente-un Octobre audit an 1686. passée pardevant le Febvre & Sainfray Notaires, payé au sieur Joseph Payen Entrepreneur des Bastimens du Roy, la Somme de trente-neuf mil sept cens treize livres quinze sols, faisant le reste & parfait payement de celle de quarante-sept mil sept cens treize livres quinze sols, à quoy se sont trouvez monter tous les Ouvrages de Massonnerie & carrelage par luy faits pour la construction desdites maisons, conformément au marché passé entr'eux pardevant lesdits Touvenot & Sainfray Notaires le vingt-deux Juin de l'année 1685. toisé & reception desdits Ouvrages fait par Albert Brunet Entrepreneur des Bastimens du Roy, Expert nommé entr'eux par son Procez Verbal dressé par le Comte Greffier de l'Escritoire du 14. Octobre audit an 1686. deposé pour minutte audit Sainfray Notaire, par Acte du trente des mêmes mois & an, la quittance desdits trente-neuf mil sept cens treize livres quinze sols, portant declaration que dans ladite Somme celle de quatorze mil livres empruntée desdits sieurs Moret & Dubois y eſtoit entrée, & ſubrogation à leur profit. Seront leſdits ſieurs Moret & Dubois, payez comme deſſus, des arrerages deſdits ſept cens livres de rente échûs depuis ledit jour dernier Decembre 1695. & de ceux qui écherront juſqu'à l'actuel payement : Comme auſſi de ladite ſomme de quatorze mille livres, pour le rachat & amortiſſement deſdits ſept cene livres de rente.

Sera Dame Claude de Moucy veuve de Meſſire Pierre de Mouſſeaux, Chevalier Seigneur de Breau & autres lieux, Conſeiller du Roy, Grand Audiencier de France, auſſi payée par privilege ſur le prix qui proviendra des mêmes maiſons ruë de l'Univerſité, l'une loüée à Monſieur le Maréchal de Joyeuſe, & l'autre au ſieur Brunet, notamment ſur les ouvrages de maſſonnerie & de carrelage faits auſdites deux maiſons, & par concurrence avec leſdits ſieurs Moret & Dubois, de la ſomme de deux mille trois cens trente-ſept livres dix ſols pour arrerages échus au dernier Decembre 1695. de ſix cens livres de rente conſtituée à ſon profit par leſdits Sieur & Dame Gobert ſolidairement, par Contract paſſé pardevant Touvenot & Sainfray Notaires au Chaſtelet de Paris, le ſept Fevrier de l'année 1686. avec promeſſe d'employer la ſomme de douze mille livres principal deſdits ſix cens livres de rente, au payement des Ouvriers & Marchands qui avoient fourni & travailloient à la conſtruction deſdites maiſons, d'en rapporter quittance d'employ & ſubrogation ; au deſir de laquelle ſtipulation d'employ leſdits Sieur & Dame Gobert, par la quittance qu'ils ont tirée dudit ſieur Payen ledit jour trente-un Octobre 1686. de la ſomme de trente-neuf mille ſept cens treize livres quinze ſols pour tous les ouvrages de maſſonnerie & carrelage, ils ont declaré que les douze mille livres, prix de la ſuſdite conſtitution, y eſtoient entrez, avec ſubrogation au profit de ladite Dame de Mouſſeaux. Plus, ſera ladite Dame, payée comme deſſus, des arrerages deſdits ſix cens livres de rente échus depuis ledit jour dernier Decembre 1695. & de ceux qui écherront juſqu'à l'actuel payement : Comme auſſi de la ſomme de douze mille livres pour le rachat & amortiſſement deſdits ſix cens livres de rente.

Sera Damoiſelle Marguerite Gombault, veuve du ſieur Jean Pinchon, vivant Marchand Bourgeois de Paris, payée par privilege ſur les deniers qui proviendront de la vente d'un des petits corps de logis eſtant à droit en entrant dans la grande maiſon ; ledit petit corps de logis à preſent occupé par la Dame Marquiſe de Caſtelnau, de la ſomme de treize cens livres pour arrerages échus au dernier Decembre de l'année 1695. de quatre cens livres de rente conſtituée à ſon profit par les Sieur & Dame Gobert ſolidairement, par Contract paſſé pardevant Blanchard & Sainfray Notaires au Chaſtelet de Paris, le vingt-ſept Avril 1688. avec declaration que ladite ſomme de huit mille livres, principal de ladite rente, eſtoit pour employer avec ſix mille ſept cens vingt-neuf livres de leurs deniers ; au payement de la ſomme de quatorze mille ſept cens vingt-neuf livres qu'ils devoient à Joſeph Payen Entrepreneur & Architecte des Baſtimens du Roy, pour l'entier payement de tous les ouvrages de maſſonnerie par luy faits à la conſtruction de la maiſon dont eſt queſtion, ſuivant le procés verbal de toiſé portant reception deſdits ouvrages, du vingt-trois Avril de l'année 1688. en conſequence du devis deſdits ouvrages paſſé ſous ſignature privée entre leſdits Gobert & Payen, le vingt-deux Juin de l'année 1685. reconnu pardevant Notaires, par Acte du même jour, & promeſſe de rapporter quittance d'employ & ſubrogation ; au deſir de laquelle ſtipulation d'employ, ledit ſieur Gobert a par quittance paſſée pardevant les mêmes Notaires le vingt-huit Avril audit an 1688. payé audit Payen ladite ſomme de quatorze mille ſept cens vingt-neuf livres, avec declaration que les huit mille livres, prix de la ſuſdite conſtitution, y ſont entrez, & ſubrogation en faveur de ladite Dame veuve Pinchon. Plus, ſera ladite Dame, payée comme deſſus, des arrerages deſdits quatre cens livres de rente, échus depuis ledit jour dernier Decembre 1695. & qui écherront juſques à l'actuel payement : Comme auſſi de la ſomme de huit mille livres pour le rachat & amortiſſement deſdits quatre cens livres de rente.

Sera ladite Dame Claude de Moucy, veuve dudit Pierre de Mouſſeaux, payée par privilege ſur les deniers qui proviendront de la vente de ladite grande maiſon ruë de l'Univerſité, à preſent occupée par ledit ſieur Maréchal de Joyeuſe, & notamment ſur le prix des ouvrages de charpente de ladite maiſon, de la ſomme d'onze cens ſoixante-huit livres quinze ſols, pour arrerages échus au dernier Decembre de l'année 1695. de trois cens livres de rente conſtituée à ſon profit par leſdits Sieur & Dame Gobert ſolidairement, par Contract paſſé pardevant Sainfray & ſon Confrere Notaires au Chaſtelet de Paris, le vingt-ſept Fevrier de l'année 1687. avec declaration que la ſomme de ſix mille livres, principal de ladite rente, eſtoit pour employer au reſte & parfait payement de ce qui eſtoit dû au Charpentier, pour les bois fournis pour la conſtruction de ladite maiſon : promeſſe de rapporter quittance d'employ & ſubrogation ; au deſir de laquelle ſtipulation d'employ, leſdits Sieur & Dame Gobert ont par quittance paſſée pardevant Ponnier & Sainfray Notaires au Chaſtelet de Paris, le ſeize Mars de l'année 1688. payé à Antoine Petit Maiſtre Charpentier à Paris, la ſomme de huit mille huit cens vingt-neuf livres dix ſols, pour l'entier payement des bois par luy fournis pour la conſtruction de ladite maiſon ruë de l'Univerſité, ſuivant le toiſé & reception deſdits Ouvrages faits par le ſieur Charles Juré Architecte, ſuivant ſon Procez verbal du dix-huit Octobre de l'année 1687. conformement au Marché deſdits Ouvrages paſſé entre leſdits ſieurs Petit & Gobert, ſous leurs ſignatures privez le cinquiéme Juin de l'année 1685. reconnu par Acte paſſé pardevant Notaires le même jour, avec declaration que dans leſdits huit mil huit cens vingt neuf livres dix ſols; les ſix mil livres prix de la conſtitution ci-deſſus y ſont entrez & ſubrogation au profit de ladite Dame de Mouſſeaux.

Mouſſeaux.

Sera ladite Dame payée comme deſſus des arrerages deſdits trois cens livres de rente, écheus depuis ledit jour dernier Decembre 1695. & de ceux qui écherront juſqu'à l'actuel payement; comme auſſi de la ſomme de ſix mil livres pour le rachapt & amortiſſement deſdits trois cens livres de rente.

Dezegre.

Sera Nicolas Dezegre Marbrier ordinaire du Roy, payé par privilege ſur les deniers qui proviendront de la vente de ladite grande maiſon, & notamment ſur la ſomme à laquelle par la vantillation les Ouvrages de marbre ſeront eſtimez de la ſomme de mil livres de principal, contenuë au memoire deſdits Ouvrages arreſtez par ledit ſieur Gobert, le dix-ſept Octobre de l'année 1689. à ladite ſomme de mil livres ledit Arreſté tenu pour reconnu eſtre écrit & ſigné de la main dudit ſieur Gobert, par Sentence du Chaſtelet du vingt-deux Avril de l'année 1691. au payement de laquelle ſomme de mil livres ledit ſieur Gobert a eſté condamné par autre Sentence du Chaſtelet du vingt-neuf des mêmes mois & an. Plus, ſera ledit Dezegre payé comme deſſus de la ſomme de deux cens livres pour quatre années d'intereſts deſdits mil livres, à compter du vingt-un Février audit an 1692. juſqu'au vingt-un Février de la preſente année 1696. enſemble des intereſts de ladite ſomme qui écherront juſqu'à l'actuel payement.

Petit.

Sera Antoine Petit maiſtre Charpentier à Paris, auſſi payé par privilege ſur les deniers qui proviendront de la vente & adjudication de ladite grande maiſon, & notamment ſur la ſomme à laquelle ſeront eſtimez par la ventillation ci-aprés ſtipulée les Ouvrages de charpente faits en ladite grande maiſon en l'année 1691. par le changement des écuries, & qui ſe trouveront avoir amelioré le fonds, de la ſomme de ſix cens quatre-vingt-quinze livres douze ſols de principal, faiſant partie de huit cens quatre-vingt-quinze livres douze ſols de principal reſtant deubs de la ſomme de douze cens quatre-vingt-quinze livres dix-ſept ſols, à laquelle ledit ſieur Gobert a arreſté les Ouvrages de charpente faits par ledit Petit dans les maiſons dudit ſieur Gobert, ſuivant le memoire deſdits Ouvrages; au bas duquel eſt l'Arreſté dudit ſieur Gobert de ſix Aouſt de l'année 1693. portant promeſſe de payer ladite ſomme de deux mil deux cens quatre-vingt-quinze livres dix-ſept ſols, lequel Arreſté a eſté tenu pour reconnu par Sentence des Juges Conſuls du dix-huit Mars de l'année 1695. portant condamnation de ladite ſomme & des intereſts. Plus, ſera ledit ſieur Petit payé comme deſſus de la ſomme de vingt-ſix livres neuf deniers pour intereſts deſdits ſix cens quatre-vingt-quinze livres, écheus depuis le dix Mars 1695. jour de la demande juſqu'au dixiéme Decembre dernier, ſuivant qu'ils ont eſté adjugez par ladite Sentence du treize Mars audit an.

Petit.

Sera pareillement ledit Petit payé par privilege des intereſts deſdits ſix cens quatre-vingt-quinze livres douze ſols, écheus depuis ledit jour dixiéme Decembre 1695. & de ceux qui écherront juſqu'à l'actuel payement; & de la ſomme de trois livres pour les frais & dépens liquidez par ladite Sentence, ſauf à colloquer ci-aprés ledit ſieur Petit par ordre d'hypoteque pour les deux cens livres reſtans deſdits huit cens quatre-vingt-quinze livres douze ſols, deubs pour autres Ouvrages qui ne concernent point ladite maiſon, & pour les intereſts deſdits deux cens livres; les quatre cens livres faiſans le ſurplus des deux mil deux cens quatre-vingt-quinze livres douze ſols, ayans eſté payez audit ſieur Petit par ledit ſieur Gobert.

Madame de Saint André.

Sera Dame Marie Aymedieu veuve de Meſſire Pierre de Saint André, Conſeiller du Roy en ſes Conſeils, Treſorier general de la Marine, ayant droit par declaration de Maiſtre Noël Baretier Bourgeois de Paris, faite ſous ſignature privée le trente Novembre 1689. reconnuë par Acte paſſé pardevant Bellanger & ſon Confrere Notaires au Chaſtelet de Paris, le douze Avril de l'année 1691. lequel ſieur Baretier avoit droit par tranſport de Jean Croux maiſtre Couvreur de maiſons à Paris, paſſée le même jour pardevant le Secq de Launay & Aumont Notaires au Chaſtelet de Paris, payée par privilege ſur les deniers qui proviendront de la vente deſdites trois maiſons ruës de l'Univerſité & de Verneüil, & notamment ſur la ſomme à laquelle par la ventillation ci-aprés ſtipulée, les Ouvrages de couverture faits dans leſdites maiſons ſe trouveront monter, de la ſomme de deux mil neuf cens dix-ſept livres ſix ſols deux deniers de principal, pour tous les Ouvrages de couverture faits par ledit Croux dans leſdites maiſons, leſquels Ouvrages ont d'abord eſté priſez differemment par deux Experts convenus par les parties; Sçavoir par Philippes à deux mil ſix cens cinquante-neuf livres quatre ſols trois deniers; Et par Vanier à trois mil cent quatre-vingt-une livres un ſol ſept deniers, ce qui auroit donné lieu à une Sentence contradictoire du Chaſtelet du ſix Juillet de l'année 1689. par laquelle attendu la contrarieté des Experts, il auroit eſté ordonné qu'il ſeroit procedé & paſſé outre à la priſée, toiſé & eſtimation deſdits Ouvrages par Yvon maiſtre Couvreur Expert tiers nommé d'office, & en execution de laquelle Sentence ledit

Yvon

Yvon a dreſſé ſon Procez verbal le vingt-huitiéme Juillet audit an 1689. & autres jours ſuivans, par lequel il a eſtimé leſdits Ouvrages à ladite ſomme de deux mil neuf cens dix-ſept livres ſix ſols deux deniers, lequel a eſté enteriné par Sentence du Chaſtelet de Paris du quatorziéme Octobre de la même année, portant condamnation contre ledit Gobert deſdits deux mil neuf cens dix-ſept livres ſix ſols deux deniers & intereſts. Plus, ſera ladite Dame de Saint André payée comme deſſus de la ſomme de huit cens deux livres pour cinq années ſix mois d'intereſts deſdits deux mil neuf cens dix-ſept livres ſix ſols deux deniers, écheus depuis le trente Juin 1689. jour de la demande, juſqu'au trente Decembre dernier : comme auſſi de ceux depuis écheus, & qui écherront juſqu'à l'actuel payement, ſuivant qu'ils ont eſté adjugez par ladite Sentence du quatorze Octobre 1689. en rapportant prealablement par ladite Dame l'original de l'Exploit de demande deſdits intereſts ; ce qu'elle ſera tenuë de faire dans huitaine, à compter du jour de la ſignification qui ſera faite de ladite Sentence, à perſonne ou domicile, ſinon elle en demeurera déchûë & ladite ſomme de huit cens deux livres à laquelle montent leſdits intereſts, ſera touchée par les creanciers poſterieurs : Sera en outre ladite Dame payée comme deſſus de la ſomme de dix livres pour frais liquidez par leſdites Sentences.

Sera pareillement le ſieur Poite Noiret Marchand Bourgeois de Paris, payé par privilege ſur le prix qui proviendra de la vente deſdites trois maiſons, & notamment ſur la ſomme à laquelle par la ventillation cy-aprés ſtipulée, ſe trouvera monter la ſerrurerie & ferrure fournie par ledit ſieur Noiret pour leſdites maiſons, de la ſomme de cinq cens ſoixante-huit livres pour arrerages échus au dernier Decembre de l'année 1695. de cent ſoixante-quinze livres de rente au principal de trois mille cinq cens livres conſtituée par leſdits Sieur & Dame Gobert ſolidairement, par Contract paſſé pardevant Paſquier & ſon Confrere Notaires au Chaſtelet de Paris, le vingt-un Janvier de l'année 1688. pour demeurer quittes par leſdits Sieur & Dame Gobert envers ledit ſieur Noiret, de la ſomme de trois mille cinq cens livres qu'ils luy doivent, pour reſte de toute la ſerrurerie & ferrure que ledit ſieur Noiret avoit fournie pour eux pour la conſtruction deſdites maiſons, ſuivant le compte verbalement fait entre eux, dont ils ſe ſont reſpectivement contentez ; laquelle fourniture eſt juſtifiée par le memoire d'icelle, contenant huit feüillets une page écrits repreſentez par ledit ſieur Noiret, & annexez à la minute du Contract de conſtitution, aprés avoir eſté paraphé des parties, & à leur requiſition des Notaires.

Noiret.

Plus, ſera ledit ſieur Noiret, payé comme deſſus, des arrerages deſdits cent ſoixante-quinze livres échus depuis ledit jour dernier Decembre 1695. & qui écherront juſques à l'actuel payement : Comme auſſi de la ſomme de trois mille cinq cens livres pour le rachat & amortiſſement deſdits cent ſoixante-quinze livres de rente, & de la ſomme de à laquelle ont eſté reglez les dépens, frais & miſes d'execution faits par ledit ſieur Noiret.

Noiret.

Seront les Dames Abbeſſe & Religieuſes de Conflant, auſſi payées par privilege ſur les deniers qui proviendront de la vente & adjudication deſdites trois maiſons, & notamment ſur la ſomme à laquelle par la ventillation cy-aprés ſtipulée, les ouvrages de menuiſerie ſe trouveront monter, de la ſomme de cent quatre-vingt-huit livres pour arrerages écheus au dernier Decembre de l'année 1695 de ſoixante livres de rente, faiſant partie de deux cens livres de rente conſtituée à leur profit par les Sieur & Dame Gobert ſolidairement, par Contract paſſé pardevant Thomas & Sainfray Notaires au Chaſtelet de Paris, le huit Novembre 1686. avec promeſſe d'employer la ſomme de quatre mille livres principal deſdits deux cens livres de rente, au payement des ouvriers qui travailloient & conſtruiſoient leſdites trois maiſons, conformément aux marchez paſſez, & d'en fournir les quittances d'employ portant ſubrogation ; au deſir de laquelle ſtipulation d'employ, ledit ſieur Gobert a, ſuivant la quittance paſſée pardevant ledit Sainfray & ſon Confrere Notaires, le huit Avril de l'année 1689. payé à Laurent Rochebois Marchand Menuiſier Bourgeois de Paris, la ſomme de ſept mille trois cens trente livres, en deduction de celle de onze mille trois cens trente livres à laquelle ſe ſont trouvez monter tous les ouvrages de menuiſerie faits eſdites trois maiſons, ſuivant le marché ſous ſignature privée, paſſé entre leſdits ſieurs Gobert & Rochebois, le vingt-deux Aouſt 1685. reconnu pardevant Notaires le ſeize Mars 1688. laquelle quittance d'employ du ſix Avril 1689. contient declaration que dans leſdits ſept mil trois cens trente livres qui paroiſſent avoir eſté payez, les quatre mille livres principal de la conſtitution cy-deſſus, & trois mille livres empruntez du ſieur Edme Piroys eſtoient entrez : Et comme les ſept mille trois cens trente livres n'ont point eſté payez comptant lors de la paſſation de la quittance, puiſqu'il eſt porté par icelle que les quittances qui avoient eſté précedemment données par ledit Rochebois, ne ſerviroient avec ladite quittance que d'une ſeule & même choſe ; ce qui a fait preſumer des payemens précedens : cela a donné lieu auſdits ſieurs Creanciers & Directeurs qui ont trouvé beaucoup de difficulté dans le privilege prétendu par leſdites Religieuſes, de prendre l'avis de Maiſtres Dupré, Riparfond & Braguet anciens Avocats, qui ont demandé les quittances qui ont précedé celle du huit Avril 1689.

Les Religieuſes de Conflans.

D

lefquelles ont efté reprefentées par Monfieur Damont frere de Madame de Conflans, ftipulant les interefts defdites Religieufes, & fe font trouvées monter à quatre mille neuf cens livres, dont il y a deux mille cent livres payez par ledit Gobert à Rochebois, avant les emprunts que Gobert a faits defdites Religieufes & de Piroys ; & le furplus dans le temps intermediaire de l'emprunt de la quittance, en forte qu'il ne peut y avoir que deux mille cent livres valablement payez des deniers defdites Religieufes & dudit Piroys, les precedentes quitances eftant fous fignatures privées, fans aucune declaration d'employ ny fubrogation. Et comme il eftoit incertain de fçavoir fi c'eftoit les deniers defdites Religieufes ou dudit Piroys, qui avoient fervy au payement defdits deux mille cent livres, lefdits Avocats ont jugé à propos que cette fomme devoit eftre contribuée entre lefdits quatre mille livres des Religieufes & les trois mille livres de Piroys, fuivant laquelle contribution il en revient douze cens livres aufdites Religieufes, qui produifent les foixante livres de rente ci-deffus. Plus, feront lefdites Dames Abbeffe & Religieufes, payées comme deffus des arrerages defdits foixante livres de rente, échus depuis ledit jour dernier Decembre 1695. & de ceux qui écherront jufqu'à l'actuel payement : Comme auffi de la fomme de douze cens livres pour le rachat & amortiffement defdits foixante livres de rente, fauf à colloquer cy-après ladite Dame par ordre d'hypoteque pour les arrerages & pour le principal des cent quarante livres de rente faifant le furplus defdits deux cens livres.

Les Habitans de Croify.

Seront les Curé, Seigneur & Habitans du lieu de Croify, auffi payez par privilege fur les deniers qui proviendront de la vente & adjudication des deux petits corps de logis eftant fur la ruë de l'Univerfité, & notamment fur la fomme à laquelle par la ventillation cy-après ftipulée, les ouvrages de charpente defdits deux corps de logis fe trouveront monter, de la fomme de cinq cens cinquante-deux livres un fol, pour arrerages échûs au dernier Decembre de l'année 1695. de cent foixante-dix livres quatre fols de rente conftituée à leur profit par les Sieur & Dame Gobert folidairement, par Contract paffé pardevant Thibert & Gaillet Notaires au Chaftelet de Paris, le vingt-fix Mars 1688. avec promeffe d'employer ladite fomme, au payement de ce qu'ils devoient au fieur Petit, pour ouvrages de charpente par luy faits en la maifon fife ruë de l'Univerfité, fuivant le devis & marché defdits ouvrages, du cinq Juin 1685. de rapporter quittance d'employ & fubrogation ; dans lequel Contract ledit Petit eft intervenu, qui a reconnu avoir reçû dudit fieur Gobert trois mille quatre cens quatre livres fept fols, en déduction de cinq mille quatre cens quatre-vingt-dix livres cinq fols, à quoy monte le prix des ouvrages de charpente par luy faits efdits deux corps de logis, fuivant ledit toifé fait par Charles Ju Architecte, le dix-huit Octobre 1687. Plus, feront lefdits Habitans, auffi payez par privilege des arrerages defdits cent foixante-dix livres quatre fols, échûs depuis ledit jour dernier Decembre 1695. & de ceux qui écherront jufqu'à l'actuel payement : Comme auffi de la fomme de trois mille quatre cens quatre livres fept fols de principal, pour le rachat & amortiffement defdits cent foixante-dix livres quatre fols de rente, enfemble de la fomme de

à quoy fe font trouvez monter les dépens, frais & mifes d'execution faits par lefdits habitans pour avoir payement de leur deub, fuivant qu'ils ont efté reglez à l'amiable par le Procureur de la Direction : & en cas que le prix defdites trois maifons ne fe trouvât pas fuffifant pour acquitter tous les creanciers privilegiez ci-deffus colloquez, ventillation fera faite du fonds avec la fuperficie, par rapport au prix des ventes, & eftre lefdits creanciers payez fur les chofes fur lefquelles ils ont leurs privileges.

CREANCIERS PRIVILEGIEZ SVR LA PARTIE
d'augmentation de Gages.

Duchefne.

SERA Maiftre Gilles Duchefne Sieur de Huebaterne & Darfonval, Commis par Sa Majefté pour l'execution des Reglemens generaux des Manufactures pour les Generalitez de Caën & Alençon, payez par privilege fur les deniers qui proviendront de la vente & adjudication d'une partie d'augmentation de gages de quatre cens quarante-quatre livres huit fols dix deniers de rente au denier dix-huit, au principal de huit mil livres creéz par Edit du mois d'Octobre 1683. de la fomme de

pour arrerages écheus au dernier Decembre 1695. de trois cens cinquante livres de rente conftituée à fon profit par les Sieur & Dame Gobert, folidairement par Contract paffé pardevant Defnots & Mory Notaires au Chaftelet de Paris, le quinziéme Janvier de l'année 1684. avec promeffe d'employer ladite fomme avec mil trois livres de leurs deniers, à l'acquifition defdits quatre cens quarante-quatre livres huit fols dix deniers de rente : Au defir de laquelle ftipulation d'employ, ledit fieur Gobert par la quittance qu'il a tirée du fieur Teftu lors Treforier des Parties Cafuelles, le fix Février de l'année 1684. de la fomme de huit mil livres ; il a declaré que les fept mil livres ci-deffus y eftoient entrez.

Sera encore ledit Sieur Duchefne payé par privilege des interefts defdits trois cens cinquante livres, écheus depuis ledit jour dernier Decembre 1695. & de ceux qui écherront jufqu'à l'actuel payement : comme auſſi de la ſomme de ſept mil livres pour le rachapt & amortiſſement deſdits trois cens cinquante livres de rente.

CREANCIERS PRIVILEGIEZ SVR LA MAISON
rue Saint Claude.

SERONT les heritiers ou donataires de Marguerite Caloyé veuve de Jean Ricard, vivant Maiſtre Bourelier à Paris, ſeuls creanciers de la Succeſſion de defunt Thomas Gobert vivant Maiſtre Maſſon à Paris, pere dudit ſieur Gobert partie ſaiſie, colloquez par privilege ſur les deniers qui proviendront de la vente de ladite maiſon ruë Saint Claude, écheus audit ſieur Gobert partie ſaiſie par le deceds dudit Thomas Gobert ſon pere; de la ſomme de ſept cens cinquante livres pour arrerages écheus au dernier Decembre de l'année 1695. de cent cinquante livres de rente au denier dix-huit, conſtituée au profit de ladite veuve Ricard par ledit Thomas Gobert & Marguerite Minet ſa femme, ſolidairement par Contract paſſé pardevant le Bret & Guyon Notaires au Chaſtelet de Paris; le quinze Juillet de l'année 1661. avec promeſſe d'employer la ſomme de deux mil ſept cens livres principal de ladite conſtitution, au payement de pareille ſomme deuë au Sieur de Cornoaille & ſes enfans, pour reſte & parfait payement de ce qui eſtoit deub d'une maiſon ſize ruë de Joüy par eux venduë au deffunt ſieur Gobert : ledit Contract du quinze Juillet 1661. declaré executoire contre ledit ſieur Gobert partie ſaiſie, ainſi qu'il eſtoit contre ledit deffunt ſon pere, par Sentence contradictoire du Chaſtelet du vingt-un Avril 1671. Seront leſdits heritiers payez auſſi par privilege des arrerages deſdits cent cinquante livres, écheus depuis le dernier Decembre 1695. & de ceux qui écherront juſqu'à l'actuel paye-ment : comme auſſi de la ſomme de deux mil ſept cens livres pour le rachapt & amortiſ-ſement deſdits cent cinquante livres de rente, ſauf aux creanciers ci-après colloquez à exercer les droits deſdits heritiers & donataires contre la veuve Bricard, qui poſſede actuel-lement ladite maiſon ruë de Joüy, ſpecialement affectée au payement de ladite rente.

CREANCIERS HYPOTEQVAIRES.

SERA ladite Dame Marie de Leſpine épouze dudit Sieur Gobert, en conſequence de la renonciation faite à la Communauté d'entre elle & ledit ſieur Gobert par ſes creanciers, comme exerçans ſes droits, colloquée, miſe en ordre & payée du vingt-quatre Juillet 1661. pour la ſomme de quinze mil livres de principal, pour ſa dotte conſtituée par ſon Contract de mariage avec ledit ſieur Gobert, paſſé pardevant Mouſle & le Roux Notaires au Chaſtelet de Paris, ledit jour vingt-quatre Juillet 1661. & pour la ſomme de deux mil livres reçuë par ledit ſieur Gobert depuis ledit Contract, ſauf à colloquer ci-après les creanciers auſquels elle eſt obligée en ſous-ordre ſur elle & comme exerçant ſes droits: Sera encore ladite Dame colloquée du même datte pour la ſomme de cinq mil ſept cens livres fonds du doüaire porté par le même Contract, laquelle ſomme de cinq mil ſept cens livres ſera portée au Treſor Royal pour eſtre employée en acquiſition de rentes, pour ſeureté des enfans deſdits Sieur & Dame Gobert, auſquels il eſt ſtipulé propre : & ſera fait mention dans le Contract de l'endroit d'où procederont les deniers, & qu'ils ſont deſ-tinez pour le doüaire de ladite Dame Gobert, afin qu'il ne puiſſe eſtre allié pour quel-que cauſe & occaſion que ce ſoit, & juſqu'à ce que ledit doüaire ait lieu en faveur des enfans; les arrerages de ladite rente ſeront receus par les creanciers des ſieur & Dame Gobert: Sera pareillement ladite Dame colloquée du même jour pour la ſomme de quinze cens livres de principal portée par ledit Contract, en cas toutefois qu'elle ſurvive ledit ſieur Gobert : & cependant les creanciers poſterieurs toucheront en donnant bonne & ſuffi-ſante caution reçuë avec ladite Dame, & attendu la clauſe d'indamnité portée par ledit Contract, elle ſera indamniſée de toutes les dettes par elle contractée pendant & conſtant ſon mariage avec ledit ſieur Gobert.

Seront leſdits heritiers ou donataires de Marguerite Caloyé veuve de Jean Ricard vivant Maiſtre Bourelier à Paris, colloquez du douze Février de l'année 1663. jour que ledit Gobert partie ſaiſie, a accepté la ſucceſſion de Thomas Gobert Maiſtre Maſſon à Paris ſon pere, & qu'il a diſpoſé des effets de ladite ſucceſſion, pour la ſomme de ſept cens cin-quante livres pour arrerages écheus au dernier Decembre de l'année 1695. de cent cin-quante livres de rente au denier dix-huit, conſtituée au profit de ladite veuve Ricard par Thomas Gobert Maiſtre Maſſon à Paris & Marguerite Minet ſa femme pere & mere du-dit ſieur Gobert partie ſaiſie, ſolidairement par Contract paſſé pardevant le Bret & Guyon Notaires au Chaſtelet de Paris, ledit jour quinze Juillet de l'année 1661. avec promeſſe d'employer la ſomme de deux mil ſept cens livres principal de ladite conſtitution, au payement de pareille ſomme deuë au ſieur de Cornoaille Avocat en Parlement & ſes en-fans, pour reſte & parfait payement de ce qui eſtoit deub du prix d'une maiſon ſize ruë de Joüy, par eux venduë audit deffunt sieur gobert : ledit Contrat du quinze Juillet 1662. declaré executoire contre ledit sieur gobert partie saisie, ainsi qu'il estoit contre ledit defunt sieur son pere, par Sentence contradictoire, du Chastelet du vingt-un Avril 1671. Seront lesdits heritiers payez comme dessus des arrerages desdits cent cinquante livres, écheus depuis le dernier Decembre 1695. & de ceux qui écherront jusqu'à l'actuel payement : comme aussi de la somme de deux mil sept cens livres pour le principal & amortissement desdits cent cinquante livres de rente, sauf aux creanciers qui seront ci-prés colloquez à exercer les droits desdits heritiers contre la veuve Bricard, qui possede actuellement ladite maison ruë de Joüy, specialement affectée au payement de ladite rente.

La Dame du Mazy. Seront ladite Dame Catherine Bertrand veuve de Maistre Simon du Mazy Avocat és Conseils ; & ledit François le Cousturier & sa femme ci-dessus colloquez par privilege sur la maison ruë Sainte Anne, pour la somme de deux mil livres d'arrerages écheus au dernier jour de Decembre 1695. pour ceux depuis écheus & qui écherront, & pour la somme de huit mil livres de principal, en cas qu'ils ne soient pas totalement payez en consequence de ladite collocation privilegiée, colloquez pour ce qui s'en défaudra par ordre d'hypoteque, du dix-sept Janvier de l'année 1669. datte du Contract de vente de la Place sur laquelle ladite maison ruë Sainte Anne se trouve à present bastie.

M. Seguier. Sera Messire Alexandre Seguier Chevalier, ayant droit par transport passé pardevant Bonot & Desnots Notaires au Chastelet de Paris, le neuviéme Avril de l'année 1686. de Maistre Jean Ju Bourgeois de Paris, au nom & comme Tuteur à l'effet dudit transport ; de Messire Claude Anne de Broüillard Chevalier, Seigneur Comte de Coursan, fils mineur de deffunt Messire François de Broüillard Chevalier, Seigneur de Coursan, & de Dame Marguerite Miron son épouse, ratifié par ledit sieur de Coursan, par Acte du dix-huit Aoust 1687. lors majeur de vingt-cinq ans, suivant qu'il se justifie par son Extraict Baptistaire du neuf Aoust 1662. payé par hypoteque du septiéme Aoust mil six cens soixante-neuf, de la somme de quatre cens sept livres douze sols neuf deniers, pour arrerages échûs au dernier Decembre 1695. de cent dix livres douze sols de rente, faisant partie de trois cens livres constituée solidairement par les Sieur & Dame Gobert parties saisies, au profit de Dame Anne de Baillon, veuve de feu Messire Jean Miron, vivant Seigneur de Bonne, Conseiller du Roy en son Grand Conseil, par Contract passé pardevant Monthenault & Gaudion Notaires au Chastelet de Paris, ledit jour sept Aoust 1669. laquelle rente de trois cens livres, au principal de six mille livres par le decés de ladite Dame Miron, est échûë à Dame Nicole Miron veuve de Daniel Jacquinot Escuyer Sieur des Pressoirs, & à Maistre Pierre de Rozieres Bourgeois de Paris, au nom & comme tuteur oneraire dudit Messire Claude Broüillard, Chevalier Seigneur Comte de Coursan ; ladite Dame veuve Jacquinot & le sieur de Coursan, heritiers chacun pour moitié de ladite Dame de Miron, & par eux partagée également par le partage des biens de la succession de ladite Dame, arresté double entre lesdites parties par acte passé pardevant Roger & Gaudion Notaires, le six Mars de l'année 1675. de laquelle rente de trois cens livres il en a esté remboursé cent cinquante livres à Maistre Nicolas Chaboüillé Bourgeois de Paris, comme estant aux droits de ladite veuve Jacquinot, par quittance du premier Fevrier 1684. estant en marge de la grosse dudit Contract de constitution, & trente-neuf livres huit sols audit Messire Alexandre Seguier, par autre quittance du vingt-quatre Avril 1691. en sorte qu'elle ne subsiste plus à present que pour lesdits cent dix livres douze sols.

M. Seguier. Sera en outre ledit sieur Seguier, payé comme dessus des arrerages desdits cent dix livres douze sols six deniers, échûs depuis ledit jour dernier Decembre 1695. & de ceux qui écherront jusques à l'actuel payement : Comme aussi de la somme de deux mille deux cens douze livres onze sols pour le rachat & amortissement desdits cent dix livres douze sols de rente, sauf aux creanciers cy-aprés colloquez à exercer les droits dudit sieur Seguier audit nom, sur une maison sise ruë Neuve saint Augustin, qui a cy-devant appartenu ausdits Sieur & Dame Gobert.

Messire Rousseau. Seront Messire Claude Bernard Rousseau, Conseiller du Roy, Auditeur ordinaire en sa Chambre des Comptes, & de la Dame son épouse, estant aux droits de Damoiselle Jeanne Ollin, veuve du sieur Jean de Chefdeville, vivant Marchand Bourgeois de Paris, mere de ladite Dame Rousseau, par Acte en forme de Transaction passé pardevant de Troyes & Gaudion Notaires au Chastelet de Paris, le dix-neuf Fevrier 1683. payé par hypoteque du vingt-quatre Aoust de l'année 1669. de la somme de huit cens soixante-deux livres dix sols pour arrerages échûs au dernier Decembre de l'année 1695. de cent cinquante livres de rente constituée au profit de ladite Damoiselle Chefdeville, par les Sieur & Dame Gobert solidairement, par Contract passé pardevant Gaudion & son Confrere Notaires au Châtelet de Paris, le vingt-sixiéme Novembre de l'année mil six cens soixante-douze, avec promesse d'employer ladite somme de trois mille livres principal desdits cent cinquante livres de rente, au payement de pareille somme dûë par lesdits Sieur & Dame Gobert, au Sieur Alexandre de Lespine Architecte des Bastimens du Roy, pere de ladite

Dame

Dame Gobert, de reste de la somme de cinq mille livres de principal, dont ils estoient tenus, pour moitié du principal de cinq cens livres de rente par lesdits sieur de Lespine & sa femme, Sieur & Dame Gobert solidairement vendus & constituez au profit de Maistre Nicolas de la Place Procureur au Chastelet, par Contract dudit jour vingt-quatre Aoust 1669. au moyen de la reconnoissance & indemnité, faite entre lesdits Sieurs de Lespine, Gobert & leurs femmes pardevant les mêmes Notaires, les mêmes jour & an dudit Contract de constitution; & pour raison de laquelle somme de cinq mille livres ledit sieur de Lespine s'est reservé son recours à l'encontre desdits sieur Gobert & sa femme : & a protesté de demeurer subrogé au lieu & place, droits & hypoteques dudit sieur de la Place, par la quittance de rachat desdits cinq cens livres de rente qu'il a fait de ses deniers és mains dudit sieur de la Place, pardevant lesdits Sainfray & Gaudion Notaires, le trente Octobre de l'année 1670. au desir de laquelle stipulation d'employ lesdits Sieur & Dame Gobert ont par quittance passée pardevant le Roy & Gaudion Notaires, le vingt-six Novembre 1672. remboursé audit sieur de Lespine lesdits cent cinquante livres; avec declaration que la somme de trois mille livres payée pour ledit rachat, provenoit de la constitution cy-dessus, & subrogation au profit de ladite Dame Chefdeville. Sera encore ledit sieur Rousseau audit nom, payé comme dessus des arrerages desdits cent cinquante livres échûs depuis ledit jour dernier Decembre 1695. & de ceux qui écheront jusques à l'actuel payement ; & de la somme de trois mille livres pour le rachat & amortissement desdits cent cinquante livres de rente.

Sera Claude Mathieu Bourgeois de Paris, heritier de Marie Caillé, veuve de defunt *Mathieu.*
Jean Ricard vivant Marchand Bourelier à Paris, payé & colloqué du deux Avril de l'année 1670. de la somme de neuf cens cinquante livres, pour arrerages échûs au dernier Decembre de l'année 1695. de deux cens livres de rente au principal de quatre mille livres constituée par les Sieur & Dame Gobert solidairement au profit de ladite Dame veuve Ricard, par Contract passé pardevant Gallois & Marion Notaires au Chastelet de Paris, ledit jour deux Avril 1670. Sera encore ledit sieur Mathieu, payé du même jour & datte, des arrerages desdits deux cens livres de rente échûs depuis ledit jour dernier Decembre 1695. & de ceux qui écherront jusqu'à l'actuel payement, & de la somme de quatre mille livres pour le rachat & amortissement desdits deux cens livres de rente.

Seront lesdits Messire Thomas Alexandre Morant, Conseiller du Roy en ses Conseils, *Messieurs*
Maistre des Requestes ordinaire de son Hostel, Premier President au Parlement de Tou *Morant.*
louze, & la Dame son épouse, cy-dessus colloquez par privilege sur les deniers qui proviendront de la maison ruë sainte Anne, pour la somme de cinq mille trois cens dix huit livres d'arrerages de mille livres de rente, pour celle de vingt mille livres principal de ladite rente, & pour les arrerages depuis échus & qui écherront, colloquez par hypoteque du vingt-trois Mars de l'année 1671. datte du Contract de creation de ladite rente de mille livres : Pour ce qui restera dudit principal & arrerages, pour lequel lesdits Sieur & Dame Morant n'entreront point en ordre utile en consequence de leur collocation privilegiée.

Sera ladite Dame Marie Ferré, veuve de Messire Pierre Hosdier Secretaire du Roy, és *Madame*
noms, colloquée par hypoteque du vingt-neuf Aoust de l'année 1671. datte du Contract *Hosdier.*
de constitution, pour arrerages échûs au dernier Decembre de l'année 1695. de trente-deux livres sept sols de rente, faisant partie de deux cens cinquante livres, constituée par lesdits Sieur & Dame Gobert solidairement au profit dudit defunt sieur Hosdier, par ledit Contract du vingt-neuf Aoust 1671. Comme aussi des arrerages desdits trente-deux livres sept sols échûs, & qui écherront jusqu'à l'actuel payement; & de la somme de six cens vingt-sept livres douze sols pour le rachat & amortissement desdits trente-deux livres sept sols de rente, ladite Dame Hosdier ayant esté colloquée par privilege sur la maison ruë du Mail, pour le restant des arrerages & du principal desdits deux cens cinquante livres de rente. Sera ladite Dame colloquée du même datte pour la somme pour laquelle elle ne se trouvera pas entrer utilement en ordre en consequence de la creance privilegiée cy-dessus.

Sera ledit Robert Moisan Ecuyer Sieur de Saint Brieux, colloqué du deuxiéme *Moisan.*
jour de Decembre de l'année mil six cens soixante-seize, de trois livres six sols, pour arrerages écheus au dernier Decembre de l'année 1695. de treize sols de rente faisant partie de trois cens livres, constituée à son profit par lesdits Sieur & Dame Gobert, solidairement par Contract du même jour ci-dessus datté : comme aussi des arrerages desdits treize sols écheus depuis, & de ceux qui écherront jusqu'à l'actuel payement, & de la somme de treize livres pour le rachapt & amortissement desdits treize sols faisant le restant des six mil livres capital desdits trois cens livres de rente : Ledit sieur Moysan ayant esté colloqué ci-dessus par privilege sur la maison du Quay Pelletier & ruë de la Tannerie, pour le restant dudit principal & arrerages : Sera en outre ledit sieur Moysan colloqué du même jour pour la somme pour laquelle il n'entrera pas en ordre util, en consequence de sa collocation privilegiée : Sera ladite Damoiselle Marguerite Guinan veuve de maistre Pierre Lefoin vivant Controlleur au grenier à Sel de Paris, colloquée par hypoteque du trentiéme Janvier de l'année 1679. de la somme de cinquante livres huit sols

E

pour arrerages écheus au dernier Decembre de l'année 1695. de quatorze livres seize sols de rente, faisant partie de trois cens livres constituée à son profit par lesdits Sieur & Dame Gobert, solidairement par Contract dudit jour trentiéme Janvier 1679. comme aussi des arrerages écheus depuis ledit jour dernier Decembre 1695. & de ceux qui écherront jusqu'à l'actuel payement, & de la somme de deux cens quatre-vingt-seize livres pour le rachapt & amortissement desdits quatorze livres huit sols de rente ; ladite veuve Lefoin estant colloquée ci-dessus par privilege pour le restant du principal & arrerages desdits trois cens livres de rente : Sera en outre ladite Damoiselle colloquée comme dessus pour la somme pour laquelle elle n'entrera pas en ordre util, en consequence de sa collocation privilegiée.

Duchesne.   Sera Gilles Duchesne sieur de Huebaterne ci-dessus colloqué par privilege sur les deniers qui proviendront de la vente des augmentations de gages pour la somme de   pour arrerages de trois cens cinquante livres de rente écheus au dernier Decembre de l'année 1695. pour ceux depuis écheus & qui écherront, & pour la somme de sept mil livres de principal, colloqué mis en ordre & payé du quinziéme Janvier de l'année 1684. datte de la creation de ladite rente de la somme pour laquelle il n'entrera pas utilement en ordre, en consequence de sa collocation privilegiée.

M. Brossin.   Seront pareillement lesdits Elie Brossin Ecuyer, Conseiller du Roy, Tresorier des Gardes du Corps de Sa Majesté, & ladite Damoiselle Blanche François son épouze ci-dessus colloquez par privilege sur les trois maisons sizes ruës de l'Université & de Verneüil, pour la somme de quatre cens livres pour arrerages écheus au dernier Decembre 1695. de quatre cens livres de rente au principal de huit mil livres pour ceux depuis écheus & qui écherront, & pour la somme de huit mil livres de principal & celle de deux cens vingt-quatre livres quatre sols pour frais & dépens, colloqué par hypoteque & par concurrance avec Monsieur le President du Metz ci-aprés nommé du vingt-huit Mars de l'année 1685. pour la somme pour laquelle il n'entrera pas en ordre util, en consequence de sadite collocation privilegiée.

M. Dumetz.   Sera ledit sieur President du Metz ci-dessus colloqué par privilege sur les deniers qui proviendront desdites trois maisons ruës de l'Université & de Verneüil, pour les arrerages & pour le principal de quatre cens livres de rente, faisant partie de huit cens livres, pour partie du prix de la Place sur laquelle lesdites trois maisons sont bâties, colloqué par hypoteque du vingt-huit Mars de l'année 1685. & par concurrance avec lesdits Sieur & Dame Brossin, pour la somme pour laquelle ils n'entreront pas en ordre util, en consequence de la susdite collocation privilegiée.

Madame des Mouceaux.   Sera pareillement Dame Claude de Mously veuve de Messire Pierre des Mouceaux grand Audiancier de France, ci-dessus colloquée par privilege sur les deniers qui proviendront desdites trois maisons, pour la somme de deux mil trois cens trente-sept livres dix sols pour arrerages écheus au dernier Decembre 1695. de six cens livres de rente pour ceux écheus depuis & pour la somme de douze mil livres pour le rachapt & amortissement desdits six cens livres de rente, colloquée par hypoteque du sept Février de l'année 1686. pour la somme pour laquelle elle n'entrera pas utilement en ordre, en consequence de la creance privilegiée ci-dessus.

Roux.   Sera ledit Maistre Jean Roux Commis au Greffe de la Cour des Aydes és noms ci-dessus, colloqué par privilege sur les trois maisons ruës de l'Université & de Verneüil, pour le payement de la somme de douze cens livres de principal, interests, frais & dépens, colloqué par hypoteque du premier Mars de l'année 1686. datte de la premiere Sentence obtenuë par les heritiers Sinson contre ledit sieur Gobert, pour la somme pour laquelle ledit Maistre Roux audit nom, n'entrera pas en ordre util en consequence de la collocation privilegiée.

Madame de S. André.   Sera ladite Dame Marie Aymedieu veuve Messire Pierre de Saint André vivant Tresorier general de la Marine, colloquée par hypoteque du vingt-neuviéme Mars de l'année 1686. pour la somme de six mil trois cens livres portée par l'Obligation solidaire desdits Sieur & Dame Gobert, passée pardevant Mousle & son Compagnon Notaires au Chastelet de Paris, ledit jour vingt-neuf Mars 1686. déposée pour minute audit Mousle le vingt-sixiéme Juillet 1694. Plus, sera ladite Dame de Saint André colloquée du même jour pour la somme de dix-sept cens trente-deux livres dix sols pour le restant des interests de ladite somme, à compter du quatorze Juillet 1689. jour de la demande, jusqu'au quatorze Janvier 1696. suivant qu'ils ont esté adjugez par Sentence du Chastelet du seize Mars 1691. signifiée ausdits Sieur & Dame Gobert le vingt-huit des mêmes mois & an.

M. Samson.   Sera ledit Robert Sanson Ecuyer, Conseiller Secretaire du Roy, Receveur des Consignations du Parlement, ci-dessus colloqué par privilege pour la somme de sept mil huit cens livres & interests, portée en l'Obligation solidaire desdits Sieur & Dame Gobert, du sixiéme Avril 1686. colloqué par hypoteque dudit jour six Avril 1686. pour la somme pour laquelle il n'entrera pas en ordre, en consequence de la collocation privilegiée ci-dessus.

Sera ledit Meſſire Gedeon du Metz, Conſeiller du Roy en ſes Conſeils, Preſident en la *M. Dame<.* Chambre des Comptes, colloqué par hypoteque du dernier May 1686. & par concurrence avec leſdits ſieurs Moret & Dubois, pour la ſomme de deux mille huit cens trente-trois livres ſix ſols huit deniers pour arrerages échûs au dernier Decembre 1695. de quatre cens livres de rente, faiſant moitié de huit cens livres conſtituée à ſon profit par leſdits Sieur & Dame Gobert ſolidairement, par Contract paſſé pardevant Sainfray & ſon Confrere Notaires au Chaſtelet de Paris, ledit jour dernier May de l'année 1686. Plus, ſera payé comme deſſus des arrerages deſdits quatre cens livres échûs depuis ledit jour dernier May de l'année 1685. de ceux depuis échus, & qui écherront juſques à l'actuel payement ; & de la ſomme de huit mille livres pour le rachat & amortiſſement deſdits quatre cens livres de rente, ledit ſieur du Metz ayant eſté colloqué cy-deſſus par privilege ſur le prix qui proviendra de la vente deſdites trois maiſons rües de l'Univerſité & de Verneüil, & par hypoteque du vingt-huit Mars de l'année 1685. pour les arrerages des autres quatre cens livres & pour le principal.

Seront leſdits Meſſire Joſeph Moret, Eſcuyer, Lieutenant au Regiment des Gardes, mi *M. Moret.* neur, & ledit ſieur Dubois du Moncetz ſon curateur, auſſi colloquez par privilege ſur leſdites trois maiſons rües de l'Univerſité & de Verneüil, pour la ſomme de deux mille neuf cens une livres ſeize ſols, pour arrerages échus au dernier Decembre de l'année 1695. de ſept cens livres de rente conſtituée par leſdits Sieur & Dame Gobert ſolidairement, par Contract du dernier May 1686. pour ceux depuis échus, & qui écherront juſqu'à l'actuel payement ; & pour la ſomme de quatorze mille livres pour le rachat & amortiſſement deſdits ſept cens livres de rente, colloquez par hypoteque & par concurrence avec ledit ſieur du Metz, du trente-un May 1686. datte de la creation de ladite rente, pour la ſomme pour laquelle leſdits ſieurs Moret & Dubois n'entreront pas en ordre utile en conſequence de la creance privilegiée cy-deſſus.

Sera le ſieur Maillard, Eſcuyer, Conſeiller Secretaire du Roy, Maiſon, Couronne de France, *M. Mail-* & de ſes Finances, ayant droit par tranſport du ſieur Petit Maiſtre Charpentier à Paris, *lard.* paſſé pardevant les Notaires du Chaſtelet, le vingt-ſept Juillet de l'année 1686. colloqué par hypoteque dudit jour vingt-ſept Juillet 1686. pour la ſomme de huit cens livres, reſtant de celle de dix huit cens livres portée par ledit tranſport qui a eſté accepté par le ſieur Gobert, avec promeſſe de payer la ſomme y contenuë audit ſieur Maillard. Sera en outre ledit ſieur Maillard, payé des intereſts deſdits huit cens livres, à compter du jour de l'oppoſition formée par ledit ſieur Maillard au decret des biens dont eſt queſtion.

Seront leſdites Dame Abbeſſe & Religieuſes de Conflant, colloquées & payées par hy *Les Religieu-* poteque, du huit Novembre de l'année 1686. de la ſomme de quatre cens quarante-une li *ſes de Con-* vres trois ſols quatre deniers, pour arrerages échûs au dernier Decembre de l'année 1695. *flans.* de cent quarante livres, faiſant partie de deux cens livres conſtituez par leſdits Sieur & Dame Gobert, ſolidairement au profit deſdites Dames, par Contract paſſé pardevant Thomas & Sainfray Notaires au Chaſtelet de Paris, ledit jour huit Novembre 1686. Comme auſſi des arrerages échûs depuis ledit jour dernier Decembre 1695. & de ceux qui écherront juſques à l'actuel payement de la ſomme de deux mille huit cens livres, pour le rachat & amortiſſement deſdits deux cens livres de rente, leſdites Dames Abbeſſes & Religieuſes ayant eſté colloquées par privilege pour les arrerages & pour le principal des ſoixante livres, faiſant le ſurplus deſdits deux cens livres. Seront en outre leſdites Dames colloquées du même jour pour la ſomme pour laquelle elles n'entreront pas utilement en ordre, en conſequence de leur ſuſdite collocation privilegiée.

Sera ladite Dame Marie Aimedieu, veuve dudit ſieur de Saint André Treſorier general *Madame de* de la Marine, colloquée par hypoteque, du trente-un Decembre de l'année 1686. pour la *S. André.* ſomme de trois mille cent cinquante livres de principal portée par l'obligation ſolidaire deſdits Sieur & Dame Gobert, paſſée pardevant Bechet & ſon Confrere Notaires au Châtelet de Paris, ledit jour trente-un Decembre 1686. Comme auſſi de la ſomme de

            pour ce qui reſte dû des intereſts deſdits trois mille cent cinquante livres, à compter du quatorze Juillet 1689. jour de la demande, ſuivant qu'ils ont eſté adjugez par Sentence du ſeize Mars de l'année 1691. ſignifiée le vingt-huit des mêmes mois & an.

Sera ladite Dame Claude de Moucy, veuve dudit defunt Meſſire Pierre des Mouceaux, *Madame des* cy-deſſus colloquée par privilege ſur le prix qui proviendra deſdites trois maiſons rües de *Mouceaux.* l'Univerſité & de Verneüil, pour la ſomme d'onze cens ſoixante-huit livres quinze ſols, pour arrerages échûs au dernier Decembre de l'année 1695. de trois cens livres de rente conſtituée à ſon profit par leſdits Sieur & Dame Gobert ſolidairement, par ledit Contract du vingt-ſept Fevrier 1687. cy-deſſus datté, pour les arrerages échûs depuis, & qui écherront ; & pour la ſomme de ſix mille livres pour le rachat & amortiſſement deſdits trois cens livres de rente, colloquée par hypoteque dudit jour vingt-ſept Fevrier 1687. datté du Contract de creation de ladite rente, pour la ſomme pour laquelle ladite Dame n'entrera pas utilement en ordre en consequence de ladite collocation privilegiée.

Flutault.   Sera Noël Flutault Bourgeois de Paris, colloqué par hypoteque du trente Avril de l'année 1687. de la Somme de

pour arrerages écheus au dernier Decembre de l'année 1695. de cent cinq livres de rente constituée à son profit par Loüis Bricard & Anne Bailly sa femme, solidairement par contract passé pardevant de Clersins & son confrere Notaires au Chastelet de Paris, ledit jour trente Avril 1687. avec promesse d'employer la Somme de deux mil cent livres principal desdits cent cinq livres de rente, au payement de ce qui estoit par eux deû de reste du bâtiment de la maison qu'ils faisoient construire de neuf sur une Place par eux acquise à Versailles ruë du hazard, & d'en rapporter des quittances d'employ portant subrogation, dans lequel Contract ledit sieur gobert est intervenu & s'est obligé solidairement avec ledit Bricard & sa femme à la garentie, cours & continuation de ladite rente de cent cinq livres, au principal de deux mil cent livres : Sera en outre ledit sieur Flutault payé comme dessus des arrerages desdits cent cinq livres écheus & de ceux qui écherront jusqu'à l'actuel payement : comme aussi de la Somme de deux mil cent livres, pour le rachapt & amortissement desdits cent cinq livres de rente, sauf aux creanciers posterieurs en consequence de l'indemnité desdits Bricard & sa femme, à exercer les droits dudit sieur Flutault & ses privileges sur ladite maison de Versailles qui est actuellement saisie réellement.

Madame de   Sera ladite Dame Marie Aymedicu veuve dudit Sieur de Saint André, Tresorier general
S. André.   de la Marine, colloquée par hypoteque du vingt-septiéme May de l'année 1687. pour la Somme de trois cens cinquante livres de principal restant deuë de celle de trois mil cent cinquante livres, portée par l'Obligation solidaire desdits Sieur & Dame Gobert, passée pardevant Moufle & Bechet Notaires au Châtelet de Paris, ledit jour vingt-sept May 1687. ladite Dame ayant esté payée du surplus. Plus, sera ladite Dame colloquée du même jour pour la somme de

pour interests desdits trois cens cinquante livres écheus depuis le quatorziéme Juillet 1689. jour de la demande, jusqu'au dernier Decembre 1695. suivant qu'ils ont esté adjugez par Sentence du seize Mars 1691. de ceux depuis écheus & qui écherront jusqu'à l'actuel payement.

Noiret.   Sera ledit Sieur Pierre Noiret Marchand Bourgeois de Paris, ci-dessus colloqué par privilege sur les deniers qui proviendront de la vente desdites trois maisons, pour la Somme de cinq cens soixante-huit livres pour arrerages écheus au dernier Decembre de l'année 1695. de cent soixante-quinze livres de rente au principal de trois mille cinq cens livres constituée par lesdits Sieur & Dame gobert, solidairement par Contract passé pardevant Pasquier & son confrere Notaires au Chastelet de Paris, le vingt-un Janvier de l'année 1688. pour les arrerages desdits cent soixante-quinze livres écheus depuis ledit jour dernier Decembre 1695. pour ceux qui écherront jusqu'à l'actuel payement : & pour la Somme de trois mil cinq cens livres pour le rachapt & amortissement desdits cent soixante-quinze livres de rente, & pour celle de

pour les frais & dépens faits par ledit Sieur Noiret, contre lesdits Sieur & Dame gobert, colloqué par ordre d'hypoteque dudit jour vingt-un Janvier de l'année 1688. pour la somme pour laquelle il n'entrera pas en ordre util, en consequence de sa creance privilegiée ci-dessus.

Les Habitans   Seront les Curé, Seigneur & Habitans du lieu de Croisy, colloquez par hypoteque &
de Croisy.   payez du vingt-six Mars de l'année 1688. de la Somme de cinq cens cinquante-deux livres un sol, pour arrerages écheus au dernier Decembre de l'année 1695. de cent soixante-dix livres quatre sols de rente constituée à leur profit par lesdits Sieur & Dame Gobert, solidairement par Contract passé pardevant Thibert & Caillet Notaires au Chastelet de Paris, ledit jour vingt-six Mars 1688. avec promesse d'employer ladite Somme au payement de ce qu'ils devoient au Sieur Petit, pour Ouvrages de charpente par luy faits en la maison size ruë de l'Université, suivant le dévis & marché du cinq Juin de l'année 1685. de rapporter quittance d'employ & subrogation, dans lequel Contract ledit Petit est intervenu, qui a reconnu avoir receu dudit Sieur gobert trois mil quatre cens quatre livres sept sols, en déduction de cinq mil quatre cens quatre-vingt-dix livres cinq sols, à quoy montoit le prix des Ouvrages de charpente faits par ledit Sieur Petit en ladite maison, suivant le toisé fait par Charles Ju Architecte, le dix-huit Octobre 1687. la declaration d'employ & subrogation au profit desdits Habitans. Plus, seront lesdits Habitans payez comme dessus des arrerages desdits cent soixante-dix livres quatre sols, écheus depuis ledit jour dernier Decembre 1695. & de ceux qui écherront jusqu'à l'actuel payement : comme aussi de la Somme de trois mil quatre cens quatre livres sept sols de principal pour le rachapt & amortissement desdits cent soixante-dix livres quatre sols de rente desquels cinq cens cinquante-une livres un sol & arrerages écheus depuis le dernier Decembre 1695. & qui écherront, & trois mil quatre cens quatre livres sept sols de principal : Lesdits Habitans de Croisy seront, comme dit est, payez par hypoteque, en cas

qu'ils

qu'ils n'en foient pas payez, en confequence de leur collocation cy-deſſus privilegiée.

Sera ladite Dame Marguerite Gombault veuve du Sieur Jean Pinchon Marchand *Madame*
Bourgeois de Paris, cy-deſſus colloquée par privilege ſur le prix qui proviendra de la *Gombault.*
vente de l'une des trois maiſons ruë de l'Univerſité, à preſent occuppée par la Dame
Marquiſe de Caſtelnau pour la Somme de treize cens livres, pour arrerages écheus au
dernier Decembre de l'année 1695. de quatre cens livres de rente conſtituée à ſon profit
par les Sieur & Dame gobert, ſolidairement par Contract paſſé pardevant Blanchard
& Sainfray Notaires au Chaſtelet de Paris, le vingt-ſeptiéme Avril 1688. pour les arrerages écheus depuis & qui écherront, & pour la Somme de huit mil livres pour le
rachapt & amortiſſement deſdits quatre cens livres de rente, auſſi colloquée par hypoteque du vingt-ſeptiéme Avril 1688. pour la ſomme pour laquelle ladite Dame Pinchon n'entrera pas en ordre util, en confequence de ſa creance privilegiée ci-deſſus.

Sera Maiſtre Pierre le Roux Procureur en la Cour, colloqué par hypoteque du *M. Pierre*
deuxiéme Juin 1688. de la ſomme de deux cens quarante-une livres quatorze ſols trois *le Roux.*
deniers, pour tous les frais, ſalaires & vacations, & deniers par lui débourſez à la pour-
ſuite des affaires deſdits Sieur & Dame Gobert, contenus au Memoire deſdits frais reglez à l'amiable par Maiſtre Veron Procureur de la Direction, ſuivant le pouvoir que
leſdits ſieurs Creanciers & Directeurs luy ont donné, & ce du jour & datte de la
Procuration que leſdits Sieur & Dame Gobert luy ont paſſée pardevant
Notaires au Chaſtelet de Paris.

Sera Dame Juſtine Pinparé veuve de feu Sieur Jean Duchemin, vivant Marchand *Pinparé.*
de Bois au Pec ſous S. Germain en Laye, tant en ſon nom comme commune, que
comme Tutrice des enfans mineurs dudit deffunt & d'elle, colloquée par hypoteque du
ſeize Juin de l'année 1688. pour la ſomme de dix-neuf cens quatre-vingt-trois livres ſix
ſols de principal pour le prix d'ouvrages de Charpente faits par Joachim de la Ruë &
Pierre Dallemagne Charpentiers, par l'ordre de Loüis Ricard Conducteur des Baſtimens du Roy, en une Maiſon à luy appartenante ſize à Verſailles, du prix deſquels
Ouvrages ledit Sieur Gobert ſe feroit rendu caution par Acte ſous ſeing privé, paſſé
entre luy, leſdits de la Ruë & Dallemagne & ledit Bricard, & ſe feroit obligé au
payement conjointement avec ledit Bricard, ledit Acte reconnu par Senrence renduë
en la Maçonnerie, ledit jour ſeiziéme Juin 1688. laquelle auroit enteriné le Rapport
deſdits Ouvrages faits par Berthault, & condamné leſdits Bricard & ſa femme & ledit
Gobert, au payement de ladite ſomme de dix-neuf cens quatre-vingt trois livres ſix
ſols, en deniers ou quittances valables avec l'intereſt; ladite Sentence confirmée par autres Senrences renduës en ladite Juriſdiction, les dix-huit Aouſt 1689. quinze Février
1690. & dix-huit Mars audit an 1690. Plus, ſera ladite veuve eſdits noms, colloquée du mêue jour pour la ſomme de trois livres de dépens liquidez par ladite Sentence, & ſur les intereſts pretendus par ladite veuve hors de Cour, faute par elle de
rapporter l'Exploit de demande : & attendu que ledit Gobert partie ſaiſie, n'eſt point
principal Debiteur envers la Succeſſion dudit deffunt Sieur Duchemin, mais ſeulement
caution dudit Bricard : Ordonne qu'avant que ladite veuve & heritiers puiſſent toucher
la preſente collocation, ils feront tenus de diſcuter totalement les biens deſdits Bricard & ſa femme leurs principaux Debiteurs ; & cependant les creanciers poſterieurs
toucheront en donnant bonne & ſuffiſante caution, qui fera receuë avec ladite veuve
& heritiers Duchemin en la maniere accoûtumée, pardevant Monſieur
Maiſtre des Requeſtes.

Sera ledit Antoine Petit Maiſtre Charpentier à Paris, tant en ſon nom à cauſe de *Petit.*
la communauté de biens qui a eſté entre luy & deffunte Marie de Florence jadis ſa
femme, que comme Tuteur de leurs enfans mineurs, & encore les enfans majeurs,
colloquez du vingt-uniéme Octobre de l'année 1688. pour la ſomme de trois cens cinquante livres de principal, reſtante de celle de mil livres portée par le billet dudit
Sieur Gobert fait au profit dudit Petit, le vingt-ſeptiéme Octobre audit an 1688. laquelle ſomme de mil livres par l'Acte dudit jour vingt-uniéme Octobre 1688. paſſé
pardevant Chennet & ſon Confrere Notaires au Chaſtelet de Paris, auroit eſté cedé
par ledit Petit eſdits noms, à Nicolas Gaſté Sergent à Verge au Chaſtelet de Paris,
pour demeurer quitte de la ſomme de huit cens livres portée par ſon billet, & de deux
cens livres payez lors comptant ; lequel Sieur Gobert feroit intervenu dans ledit Acte,
auroit accepté ledit tranſport, l'auroit tenu pour ſignifié & ſe feroit obligé de payer
ladite ſomme de mil livres audit Sieur Gaſté, dans un an lors prochain; faute de payement de laquelle ſomme dans ſon écheance, ledit Gaſté auroit fait differentes pour-
ſuites tant contre ledit Sieur Gobert, que contre ledit Sieur Petit comme garand du
tranſport : en ſorte que ledit Sieur Petit auroit eſté forcé de payer en l'acquit dudit

Gobert audit Gasté ladite somme de trois cens cinquante livres de principal, lequel sieur Gasté l'auroit subrogé en tous ses droits. Plus, sera ledit sieur Petit colloqué du même jour pour la somme de cinquante-trois livres seize sols, pour tous les frais & dépens que ledit Gasté a faits, tant contre ledit Gobert que contre ledit Petit, lesquels ledit Petit a esté obligé de luy rembourser, sauf aux creanciers qui seront ci-aprés colloquez à demander, si bon leur semble, que lesdits frais & dépens soient taxez de nouveau, & sur les interests desdits trois cens cinquante livres pretendus par ledit Sieur Petit, les parties sont mises hors de Cour, faute par luy de rapporter un Exploit de demande & une Sentence de condamnation renduë dans les trois ans.

Les Heritiers de la Dame de la Grandiere.
Seront les enfans & heritiers de Dame Elizabeth Gobert fille desdits Sieur & Dame Gobert parties saisies, & épouze de Messire Jean de la Grandiere Ecuyer, colloquez du vingt-unième Decembre de l'année 1688. pour la somme de cinq cens livres pour arrerages écheus au dernier Decembre de l'année 1695. de cinq cens livres de rente pour le principal de dix mil livres, faisant partie de quinze mil livres, promise par lesdits Sieur & Dame Gobert à ladite Dame leur fille, en faveur de son Mariage avec ledit Sieur de la Grandiere, par l'Acte d'iceluy passé pardevant Sainfray & son Confrere Notaires au Chastelet de Paris, ledit jour vingt-un Decembre 1688. dont trois mil livres estoient payables comptant, & les dix mil livres en une constitution de cinq cens livres de rente, racheptable de pareille somme : au desir duquel Contract de mariage, lesdits Sieur & Dame Gobert ont par Acte passé pardevant les mêmes Notaires, le trois Janvier 1689. payé ausdits Sieur & Dame de la Grandiere ladite somme de trois mil livres, & constitué lesdits cinq cens livres de rente : Seront encore lesdits heritiers colloquez du même datte, pour les interests desdits cinq cens livres, écheus depuis ledit jour dernier Decembre 1685. & pour ceux qui écherront jusques à l'actuel payement : Comme aussi pour la Somme de dix mil livres, pour le rachapt & amortissement desdits cinq cens livres de rente.

M. Catelle.
Sera Messire Loüis Catelle Ecuyer, Conseiller Secretaire du Roy, Maison Couronne de France & de ses Finances, & Receveur general des Finances de la Generalité de Paris, colloqué par hypoteque du dixième Février de l'année 1689. de la somme de trois mil livres de principal, portée par l'Obligation solidaire desdits Sieur & Dame Gobert, passée pardevant Coulon & Benoist Notaires au Chastelet de Paris, ledit jour dixième Février 1689.

Madame de Saint André.
Sera ladite Dame Marie Aymedieu veuve dudit Messire Pierre de Saint André, Tresorier general de la Marine és noms cy-dessus, colloquée par privilege sur le prix qui proviendra de la vente des Maisons ruë de l'Université, pour la somme de deux mil neuf cens dix sept livres six sols deux deniers de principal, pour tous les Ouvrages de couverture faits par le nommé Groux dans lesdites Maisons, & pour les interests écheus du jour de la demande, & pour ceux qui écherront à l'avenir, colloquée par hypoteque du quatorze Octobre de l'année 1689. datte de la Sentence de condamnation desdits deux mil neuf cens dix-sept livres deux sols six deniers & interests, pour la somme pour laquelle elle n'enttera pas en ordre util, en consequence de la collocation privilegiée cy-dessus.

Minon.
Seront Antoine Minon l'un des Cent Suisses de la Garde de Monsieur Duc d'Orleans Frere Unique du Roy, & Catherine Rolinne sa femme, auparavant veuve de Jean-Baptiste George aussi Cent Suisse de la garde de Monsieur, colloquez du quatre Septembre de l'année 1690. datte du Contract de la vente qui leur a esté faite par lesdits Sieur & Dame gobert, d'une place attenant les trois Maisons sizes ruës de l'Université & de Verneüil, moyennant la somme de six mil livres, pour frais extraordinaires de criées faits par lesdits Minon & sa femme, au sujet des Oppositions qui sont survenuës au Decret volontaire qu'ils ont fait faire de ladite place par les creanciers desdits Sieur & Dame gobert.

Yvon.
Sera Estienne Yvon Couvreur ordinaire des Bastimens du Roy, & l'un des Cinquante Jurez Experts Bourgeois de Paris, colloqué par hypoteque du douze Janvier 1691. de la somme de dix-sept cens treize livres, restante deuë de celle de deux mil deux cens treize livres, portée par l'Obligation solidaire desdits Sieur & Dame gobert, passée pardevant Malingre & son Confrere Notaires au Chastelet de Paris, ledit jour douze Janvier 1691. & sur les interests pretendus par ledit Yvon, hors de Cour, faute par luy de rapporter l'Exploit de demande.

Messire Renoüard.
Sera Charles Renoüard, Ecuyer Sieur de la Toüanne, Conseiller du Roy, Tresorier general de l'Extraordinaire des guerres, ayant droit par declaration de Maistre Estienne de Villenet Bourgeois de Paris, passée pardevant Carnot & Bellanger Notaires au Chastelet de Paris, le trentième Juin de l'année 1691. colloqué par hypoteque dudit jour trente Juin 1691. pour la somme de quatre mil livres de principal, portée par

l'Obligation paſſée à ſon profit par leſdits Sieur & Dame gobert, pardevant leſdits Carnot & Bellanger Notaires, ledit jour trentiéme Juin 1691. Sera en outre ledit Sieur de la Toüanne payé du même jour des intereſts deſdits quatre mil livres, échûs depuis l'oppoſition par luy formée au Decret des biens dont eſt queſtion, & de ceux qui écherront juſques à l'actuel payement ; & ſur le privilege pretendu par ledit ſieur de la Toüanne les parties ſont miſes hors de Cour, faute par luy de rapporter le tranſport de Giarelle, du quatorziéme May 1691. l'Obligation ſolidaire deſdits Sieur & Dame gobert au profit dudit Giarelle, du trentiéme Mars 1690. la quittance qui contient le payement fait à Rochebois des deniers de Giarelle : le billet de gobert au profit de Rochebois, du ſeiziéme Février 1688. le marché fait avec Rochebois ſous ſignature privée, le deuxiéme Aouſt 1685. la reconnoiſſance dudit marché pardevant Notaires, du vingt-ſixiéme Mars 1688. & la Sentence de condamnation du deuxiéme Mars 1689.

Sera ledit Nicolas Dezegre Marbrier ordinaire du Roy, cy-deſſus colloqué par privilege ſur les deniers qui proviendront de la vente deſdites trois Maiſons ſuës de l'Univerſité & de Verneüil, pour la ſomme de mil livres de principal, pour les Ouvrages mentionnez au Memoire arreſté par ledit gobert, pour deux cens livres pour les intereſts de ladite ſomme, écheus au dernier Decembre 1695. pour ceux depuis écheus & qui écherront juſques à l'actuel payement, colloquez du dix-ſeptiéme Octobre 1691. datte de la Sentence du Chaſtelet, qui a tenu ledit Arreſté pour reconnu, pour la ſomme pour laquelle il n'entrera pas en ordre util, en conſequence de ſadite collocation privilegiée. *Dezegre.*

Sera Maiſtre Pierre Goujon Conſeiller du Roy, Receveur general des Finances de Metz, colloqué par hypoteque du vingtiéme Aouſt de l'année 1692. pour la ſomme de cinq cens livres de principal, portée au billet ſolidaire de Change deſdits Sieur & Dame gobert fait à ſon profit, le premier Aouſt audit an 1692. au payement duquel leſdits Sieur & Dame gobert ont eſté condamnez ſolidairement par Sentence des Juges Conſuls de Paris, dudit jour vingtiéme Aouſt 1692. à eux ſignifiée le cinquiéme Septembre enſuivant. *M. Goujon.*

Plus, ſera ledit ſieur Goujon colloqué du même datte pour la ſomme de ſoixante-huit livres quinze ſols, pour ce qui reſte des intereſts de cinq cens livres, à compter du huitiéme Avril 1692. jour du Proteſt dudit billet, juſqu'au huitiéme Janvier de la preſente année 1696. pour ceux écheus depuis & qui écherront juſqu'à l'actuel payement, & pour la ſomme de cinq livres quinze ſols pour frais & dépens liquidez par ladite Sentence des Conſuls, du vingtiéme Aouſt 1692. *M. Goujon.*

Sera Pierre Frezenet Maiſtre Menuiſier à Paris, colloqué du vingtiéme May de l'année 1693. pour la ſomme de deux cens ſoixante-treize livres cinq ſols, reſtante à payer de plus grande ſomme deuë audit Frezenet par ledit ſieur Gobert partie ſaiſie, & par le ſieur Gobert ſon fils, pour journées employées par ſes compagnons à des Ouvrages contenus au Memoire d'icelles ; au payement de laquelle ſomme de deux cens ſoixante-treize livres cinq ſols, leſdits ſieurs Gobert pere & fils ont eſté condamnez ſolidairement par Sentence du vingtiéme May audit an 1693. à laquelle leſdits ſieurs gobert pere & fils ayant formé oppoſition : il ſeroit intervenuë Sentence contradictoire le quinziéme Juin enſuivant, par laquelle la premiere Sentence auroit eſté confirmée contre le fils, avec dépens : & à l'égard du pere ; après que ledit Frezenet a ſoûtenu qu'il avoit fait les Ouvrages par l'ordre du pere & du fils en la maiſon du pere, & qu'il a receu de luy les cent vingt-ſix livres payez à compte, & que le pere a ſoûtenu au contraire qu'il n'avoit point donné d'ordre à Frezenet, ny promis de payer ny répondre des Ouvrages ; il a eſté permis aux parties de faire preuve de leurs faits pardevant le Commiſſaire de la Jarie commis à cet effet, en execution de laquelle Sentence la preuve ayant eſté faite par Sentence du huitiéme Juillet 1693. celle du vingtiéme May a eſté declarée commune avec ledit ſieur Gobert pere : ce faiſant il a eſté condamné de payer audit Frezenet les deux cens ſoixante-treize livres cinq ſols dont eſt queſtion, avec les intereſts & dépens. *Frezenet.*

Plus, ſera ledit Sieur Frezenet colloqué du meſme jour vingtiéme May 1693. pour la ſomme de trente-cinq livres dix-ſept ſols neuf deniers, pour intereſts deſdits deux cens ſoixante-treize livres cinq ſols, à compter du ſeptiéme May 1693. jour de la demande, juſqu'au dernier Decembre 1695. de ceux depuis eſcheus & qui eſcherront : Comme auſſi de la ſomme de douze livres pour frais & dépens liquidez par ladite Sentence du dix-huitiéme Juillet 1693. ſauf aux creanciers poſterieurs à ſe pourvoir contre ledit ſieur Gobert fils, pour le payement de ladite collocation, & ce comme principal Debiteur. *Frezenet.*

Seront François de la Haye & Magdelaine Foüache ſa femme, Jean-Lambert & *Les Heritiers Cytois.*

Marie-Magdelaine Foüache sa femme, Charles Jobin & Barbe Foüache sa femme, Claude Lafton, Marguerite-Julienne Foüache sa femme, Pierre-Charles de Loup de la Perriere Tuteur des enfans mineurs de Thereze Foüache, Joachim Breton, Nicolle Foüache sa femme, Toussaint Bouquet émancipé d'âge, heritiers presumptifs de Barbe Leroy, laquelle estoit commune en biens avec Antoine Cytois Marchand de Bois à Paris, colloquez par hypoteque du vingtiéme Juillet 1693. pour la somme de cent cinquante-trois livres dix-huit sols de principal, restante de celle de cent quatre-vingt-sept livres dix-huit sols, pour marchandises de Bois livrées par ledit sieur Cytois au sieur Gobert fils, & dont ledit sieur Gobert pere a donné ses billets ; Sçavoir un le cinquiéme Avril de l'année 1690. de la somme de soixante livres ; Un autre le vingt-deuxiéme Octobre de l'année 1691. estant au bas d'un Memoire arresté à la somme de soixante-cinq livres six sols ; & un autre du dixiéme Fevrier de l'année 1692. arresté à la somme de soixante-quatre livres cinq sols, revenant lesdites trois sommes de soixante livres, soixante-cinq livres six sols & soixante-quatre livres cinq sols, à celle susdite de cent quatre-vingt-sept livres dix-huit sols ; au payement desquels cent cinquante-quatre livres dix-huit sols restans, ledit sieur Gobert pere a esté condamné par Sentence des Juges Consuls, dudit jour vingtiéme Juillet 1693.

Les Heritiers Cytois.

Plus, seront lesdits Heritiers payez comme dessus de la somme de vingt-trois livres deux sols, pour interests desdits cent cinquante-quatre livres dix-huit sols, écheus depuis le dix neuviéme Fevrier audit an 1693, jour de la demande, jusqu'au dix-neuf Fevrier de la presente année 1696. & de ceux qui écherront jusques à l'actuel payement, sauf le recours des creanciers posterieurs contre ledit sieur gobert fils.

Dufour.

Sera la Damoiselle du Four Marchande Lingere, colloquée du vingt-deuxiéme Aoust 1693. pour la somme de trois cens livres de principal, portée par le billet du sieur gobert fait au profit de ladite Damoiselle du Four, le dix-huit Juin de l'année 1692. au payement de laquelle ledit sieur gobert a esté condamné par Sentence du Chastelet, dudit jour vingt-deux Aoust 1693.

Dufour.

Plus, sera ladite Damoiselle colloquée du même datte pour la somme de quarante-une livres cinq sols pour interests desdits trois cens livres, à commencer du quinze Avril audit an 1693. jour de la demande, jusqu'au quinze Janvier dernier, suivant qu'ils ont esté adjugez par ladite Sentence, ensemble des interests depuis écheus & qui écherront jusques à l'actuel payement.

Bouquet & Rachon.

Seront Nicolas Bouquet & Martin Rachon Marchands de Fert & compagnie, colloquez du cinquiéme Octobre de l'année 1693. pour la somme de deux cens sept livres quinze sols six deniers de principal, contenuë au Memoire arresté par ledit sieur gobert, le vingt-neuf May de l'année 1692. pour marchandises de lattes & de cloux à luy fournies ; au payement de laquelle somme ledit sieur gobert a esté condamné par Sentence des Juges Consuls, dudit jour cinq Octobre 1693. signifiée audit gobert le dixiéme Decembre. Seront encore lesdits Bouquet & Rachon colloquez du même datte pour la somme de trente-deux livres six sols, pour interests desdits deux cens sept livres seize sols six deniers, escheus depuis le dixiéme Novembre 1692. jusques au dernier Decembre 1695. de ceux depuis escheus & qui escherront jusques à l'actuel payement, & de quatre livres cinq sols pour les frais liquidez par ladite Sentence.

M. Landais.

Sera Estienne Landais Ecuyer, Conseiller du Roy, Tresorier general de l'Artillerie de France, colloqué par hypoteque du trente Octobre de l'année 1693. pour la somme de mil livres de principal, portée au billet de Change dudit sieur gobert de pareille somme de mil livres, payable au sieur Manessier ou à son ordre, lequel auroit passé son ordre au profit dudit sieur Landais ; au payement de laquelle somme de mil livres ledit sieur gobert auroit esté condamné par corps par ladite Sentence des Consuls dudit jour trente Octobre 1693. confirmée par autre Sentence du quatre Novembre ensuivant.

M. Landais.

Plus, sera ledit sieur Landais payé comme dessus de la somme de cent cinquante-six livres cinq sols, pour interests de ladite somme de mil livres, escheus depuis le vingt-quatre Octobre 1691. jour de la demande, jusqu'au dernier Decembre 1695. ensemble de ceux depuis escheus, & qui escherront jusqu'à l'actuel payement.

Liennard.

Sera Jean Lienard Rouleur de Vins à Paris, colloqué par hypoteque du vingt-cinquiéme Janvier 1694. pour la somme de cent cinquante livres de principal, portée au billet de Change solidaire desdits Sieur & Dame gobert, du sixiéme Avril 1693. au payement de laquelle somme lesdits Sieur & Dame gobert auroient esté condamnez solidairement par ladite Sentence du vingt-cinquiéme Janvier 1694. signifiée audit sieur gobert le trentiéme des mesmes mois & an. Plus, sera ledit Lienard payé comme dessus de la somme de seize livres dix-sept sols six deniers pour interests desdits cent cinquante livres, escheus depuis le seiziéme Octobre 1693. jour de la demande, jusques au seiziéme jour de Janvier dernier : comme aussi de ceux depuis escheus

& qui escheront jusques à l'actuel payement.

Sera ledit Antoine Petit Maistre Charpentier à Paris colloqué par hypoteque du dix- *Petit.*
huitiesme Mars de l'année 1695. de la somme de deux cens livres de principal , faisant
partie de celle de huit cens quatre-vingt quinze livres douze sols pour ouvrages de
Charpente faits par ledit Petit dans les maisons appartenantes audit Sieur Gobert, suivant le Memoire desdits Ouvrages arresté par le Sieur Gobert, par Acte estant ensuite
du sixiesme Aoust 1693. au payement de laquelle somme de huit cens quatre-vingt-
quinze livres douze sols, ledit Sieur Gobert a esté condamné par Sentence des Juges
Consuls dudit jour dix-huitiesme Mars 1695. Plus sera ledit Petit payé comme dessus
de la somme de sept livres dix sols pour neuf mois d'interests desdits deux cens livres,
à compter du dixiéme Mars 1695. jour de la demande jusqu'au dixiéme Decembre dernier ; comme aussi de ceux depuis escheus & qui escheront jusqu'à l'actuel payement,
& de la somme pour laquelle ledit Petit ne se trouvera pas entrer en ordre util, en consequence de sa collocation privilegiée de six cens quatre-vingt-quinze livres douze sols &
interests.

Seront Pierre Marchand Epicier à Paris, & Magdelaine Demimuid *Pierre.*
à present sa femme, auparavant veuve de Noël Pierre vivant Marchand Boulanger à Paris
colloquez par hypoteque du vingt-neuviéme Avril de l'année 1695. pour la somme de
deux cens quatorze livres quatorze sols portée au billet des Sieur & Dame Gobert, fait
à son profit le onziéme Decembre de l'année 1693. pour reste des fournitures de pain,
au payement de laquelle somme de deux cens quatorze livres quatorze sols, lesdits Sieur
& Dame Gobert ont esté condamnez solidairement par la Sentence dudit jour vingt-neuf
Avril 1695. Plus, sera ledit Pierre payée comme dessus de la somme de huit livres
pour interests desdits deux cens quatorze livres quatorze sols écheus depuis le vingt-
sixiéme Mars 1695. jusqu'au dernier Decembre ensuivant, de ceux depuis écheus qui
écheront jusques à l'actuel payement.

Sera Dominique Thevenin Huissier colloqué par hypoteque du dix-neuviéme May *Thevenin.*
de l'année 1695. pour la somme de quatre-vingt dix livres de principal, portée en la
Promesse solidaire desdits Sieur & Dame Gobert, faite à son profit le dix-neuviéme Avril
de l'année 1694. au payement de laquelle somme de quatre-vingt-dix livres lesdits Sieur &
Dame Gobert ont esté solidairement condamnez par la Sentence dudit jour dix-neuviéme
May 1695. & sur les interests pretendus par ledit Thevenin, les Parties sont mises hors
de Cour & de Procez, faute de rapporter l'Exploit de demande.

Sera Pierre Cointray Maistre Chandelier à Paris colloqué du septiéme Juin de l'année *Cointray.*
1695. de la somme de deux cens dix livres de principal, portée par la Promesse dudit
Sieur Gobert du quinziéme Novembre 1694. au payement de laquelle somme de deux
cens dix livres, ledit Sieur Gobert a esté condamné par Sentence du Chastelet dudit jour
septiéme Juin 1695.

Plus sera ledit Cointray payé du mesme datte de la somme de cinq livres cinq sols *Cointray.*
pour interests desdits deux cens dix livres de principal écheus depuis le onze Avril 1695.
jour de la demande jusqu'au onziéme Octobre dernier : comme aussi des interests dudit
principal, écheus & qui écheront jusques à l'actuel payement.

Sera ledit Sieur Landais Ecuyer, Tresorier general de l'Artillerie, colloqué par hypo- *M.ʳ Landais.*
teque du huitiéme Juin 1695. pour la somme de mil livres du principal, contenuë en la
Lettre Missive dudit Sieur Gobert écrite au deffunt Sieur Landais pere dudit Sieur Landais le onziéme Juin de l'année 1677. & portée par le billet dudit Sieur Gobert du dix-
huitiéme Juin de l'anné 1691. payable audit Sieur Landais ou à son ordre, valeur reçûë
comprant, au payement de laquelle somme ledit Sieur Gobert a esté condamné par Sentence des Juges Consuls du huitiéme Juin de l'année 1695. confirmée par autre Sentence
du dixiéme des mesmes mois & an.

Plus ledit Sieur Landais payé comme dessus de la somme de vingt-cinq livres pour *M. Landais.*
interests desdits mil livres de principal écheus depuis le quatriéme Juin 1695. jour de la
demande jusques au quatriéme Decembre dernier, pour ceux depuis écheus & qui écheront jusques à l'actuel payement.

CREANCIERS EN SOUS-ORDRE SUR LADITE
Dame Gobert.

SERONT les creanciers envers lesquels ladite Dame Gobert est obligée, colloquez comme exerçans ses droits, & en sous-Ordre sur elle , ainsi qu'il ensuit :

PREMIEREMENT, Ladite veuve du Mazy, ses enfans & heritiers seront *La veuve &*
colloquez du dix-septiéme Janvier de l'année 1669. pour la somme de deux mil livres *Heritiers du*
pour arrerages de quatre cens livres de rente écheus au dernier Decembre de l'année *Mazy.*

1695. pour ceux depuis écheus & qui écheront jufques à l'actuel payement, & pour la fomme de huit mil livres pour le rachapt & amortiffement defdits quatre cens livres de rente conftituée par lefdits Sieur & Dame Gobert , folidairement par Contract dudit jour dix feptiéme Janvier 1669. pour vente de la Place y mentionnée, en cas toutefois que ladite veuve & heritiers du Mazy ne foient pas totalement payez, en confequence de ladite collocation privilegiée.

M. Seguier. Sera enfuite ledit Meffire Alexandre Seguier, colloqué du feptiéme Aouft de l'année 1669. pour la fomme de quatre cens fept livres douze fols neuf deniers pour arrerages écheus au dernier Decembre de l'année 1695. de cent dix livres douze fols de rente , pour ceux depuis écheus & qui écheront, & pour la fomme de deux mil deux cens douze livres de principal pour le rachapt & amortiffement defdits cent dix livres douze fols de rente conftituée par lefdits Sieur & Dame Gobert folidairement par le Contract dudit jour feptiéme Aouft 1669. au profit de Dame Anne de Buillon veuve de Meffire Jean Miron vivant Seigneur de Bonne, Confeiller au grand Confeil, dont ledit fieur Seguier exerce aujourd'huy les droits.

M. & Madame Rouffeau. Sera ledit Sieur Rouffeau Auditeur en la Chambre des Comptes & la Dame fon épouze, ès noms qu'ils procedent, colloquez du vingt-quatriéme Aouft de la mefme année 1669. de la fomme de huit cens foixante-deux livres dix fols pour arrerges écheus au dernier Decembre de l'année 1695. de cent cinquante livres de rente reftante de cinq cens livres conftituez folidairement par lefdits Sieur & Dame Gobert & autres au profit de Maiftre Nicolas de la Place Procureur au Chaftelet, dont lefdits Sieur & Dame Rouffeau exercent prefentement les droits, pour les arrerages depuis écheus & pour la fomme de trois mil livres pour le rachapt & amortiffement defdits cent cinquante livres de rente.

Mathieu. Sera ledit Sieur Mathieu , audit nom, colloqué par hypoteque du deuxiéme Avril de l'année 1670. pour la fomme de neuf cens cinquante livres pour arrerages écheus au dernier Decembre de l'année 1695. pour ceux depuis écheus & qui écheront, & pour la fomme de quatre mil livres de principal pour le rachapt & amortiffement defdits deux cens livres de rente conftituée par lefdits Sieur & Dame gobert folidairement au profit de ladite veuve Ricard , par Contract dudit jour deuxiéme Avril 1670.

M. & Madame Morant. Seront lefdits Sieur Morant Confeiller du Roy en fes Confeils , Premier Prefident au Parlement de Toulouze, & la Dame fon époufe colloquez du vingt-troifiéme Mars de l'année 1671. pour la fomme de cinq mil trois cens dix-huit livres pour arrerages échus au dernier Decembre de l'année 1695. de mil livres de rente pour ceux depuis écheus & qui écheront, & pour la fomme de vingt mil livres pour le rachapt & amortiffement defdits mil livres de rente conftituée par lefdits Sieur & Dame gobert, folidairement au profit dudit deffunt Sieur Jacques greffier en Chef du Parlement, par contract dudit jour vingt-troifiéme Mars 1671. dont lefdits Sieur & Dame Morant exercent prefentement les droits, en cas toutefois qu'ils ne foient pas payez en confequence de leur fufdite collocation privilegiée.

Madame Hofdier. Sera ladite Dame Marie Ferré veuve dudit deffunt Sieur Hofdier Secretaire du Roy, ès noms, colloquée par hypoteque du vingt-neuviéme Aouft 1671. de la fomme de treize cens quarante livres pour arrerages écheus au dernier Decembre de l'année 1695. de deux cens cinquante livres de rente, pour ceux depuis écheus & qui & qui écheront jufques à l'actuel payement, & pour la fomme de cinq mil livres pour le rachapt & amortiffement defdits deux cens cinquante livres de rente conftituée par lefdits Sieur & Dame gobert, folidairement au profit dudit deffunt Sieur Hofdier par le Contract dudit jour vingt-neuviéme Aouft 1671. en cas toutefois que ladite Dame ne foit pas totalement payée en confequence de fadite collocation privilegée.

M. Moifant. Sera ledit Sieur Moifant de Saint Brieux colloqué par hypoteque du deuxiéme Decembre de l'année 1675. pour la fomme de quinze cens livres pour arrerages écheus au dernier Decembre de l'année 1695. de trois cens livres de rente pour ceux depuis écheus & qui écheront, & pour la fomme de fix mil livres pour le rachapt & amortiffement defdits trois cens livres de rente conftituée à fon profit par lefdits Sieur & Dame gobert, folidairement par Contract dudit jour deuxiéme Decembre 1696. en cas toutefois que ledit Sieur de Saint Brieux ne foit pas totalement payé en confequence de fa collocation privilegiée.

Madame le Foüin. Sera ladite Dame Audibert veuve le Foüin auffi colloquée par hypoteque du trentiéme Janvier de l'année 1679. pour la fomme de mil vingt-cinq livres pour arrerages efcheus au dernier Decembre de l'année 1695. de trois cens livres de rente, pour ceux depuis efcheus & qui efcheront, & pour la fomme de fix mil livres pour le rachapt & amortiffement defdits trois cens livres de rente conftituée au profit de ladite Dame par lefdits Sieur & Dame gobert, folidairement par Contract dudit jour trentiéme Janvier

1679. en cas toutefois que ladite Dame ne soit pas totalement payée en consequence de sadite collocation privilegiée.

Sera ledit Sieur gilles Duchesne Sieur de Hubertiere colloqué par hypoteque du quinziesme Janvier de l'année 1684. pour la somme de *M. Duchesne*
pour arrerages escheus au dernier Decembre de l'année 1695. de trois cens cinquante livres de rente pour ceux depuis escheus & qui escheront, & pour la somme de sept mil livres de principal pour le rachapt & amortissement desdits trois cens cinquante livres de rente constituée par lesdits Sieur & Dame gobert, solidairement par Contract dudit jour quinziesme Janvier de l'année 1684. en cas toutefois que ledit Sieur Duchesne ne soit pas totalement payé en consequence de sa collocation privilegiée.

Sera ladite Dame Claude de Moucy veuve de Messire Pierre de Monceaux Conseiller du Roy, grand Audiancier de France, colloquée par hypoteque du septiesme Fevrier de l'année 1686. pour la somme de deux mil trois cens trente-sept livres dix sols pour arrerages escheus au dernier Decembre 1695. pour ceux depuis escheus & qui escheront, & pour la somme de douze mil livres pour le rachapt & amortissement desdits six cens livres de rente constituée à son profit par lesdits Sieur & Dame gobert, solidairement par Contract dudit jour septiesme Fevrier de l'année 1686. en cas toutefois que ladite Dame de Monceaux ne soit pas payée en consequence de sa collocation privilegiée cy-dessus. *Madame des Monceaux.*

Sera ladite Dame Marie Aymedieu veuve dudit deffunt Messire Pierre de Saint André Tresorier general de la Marine colloquée par hypoteque du ving-neuviesme Mars de l'année 1686. pour la somme de six mil trois cens cens livres de principal, portée par l'Obligation solidaire desdits Sieur & Dame gobert du mesme jour, & pour la somme de *Madame de S. André.*
pour interests desdits six mil trois cens livres escheus dequis le quatorziesme Juillet 1689. jour de la demande jusqu'au dernier Decembre 1695. suivant qu'ils ont esté adjugez par Sentence du seiziesme Mars de l'année 1691. pour lesdits interests desdits six mil trois cens livres depuis escheus, & pour ceux qui escheront jusques à l'actuel payement.

Sera ledit Messire Gedeon du Metz Conseiller du Roy en ses Conseils, President en sa Chambre des Comptes colloqué par hypoteque du trente-uniesme May de l'année 1686. & concurremment avec lesdits Sieurs Moret & Dubois pour la somme de cinq mil six cens soixante-six livres treize sols quatre deniers pour arrerages escheus au dernier Decembre de l'année 1695. de huit cens livres de rente pour ceux depuis escheus & qui escheront, & pour la somme de seize mil livres pour le rachapt & amortissement desdits huit cens livres de rente constituée par lesdits Sieur & Dame Gobert solidairement par Contract dudit jour dernier May 1686. & ne subsistera la presente collocation que pour la somme pour laquelle ledit Sieur du Metz n'entrera pas en ordre util en consequence de sa collocation privilegiée. *M. Dumetz.*

Seront lesdits Sieurs Moret Lieutenant au Regiment des gardes Françoises, mineur, & ledit Sieur Dubois du Moncet son curateur, colloquez par hypoteque & par concurrence avec ledit Sieur du Metz du mesme jour dernier May de l'année 1686. pour la somme de deux mil neuf cens une livres seize sols pour arrerages escheus au dernier Decembre de l'année 1695. de sept cens livres de rente pour ceux depuis escheus & qui escheront, & pour la somme de quatorze mil livres pour le rachapt & amortissement desdits sept cens livres de rente constituée par lesdits Sieur & Dame gobert solidairement, par Contract dudit jour dernier 1686. en cas toutefois que lesdits Sieurs Moret & Dubois ne soient pas totalement payez en consequence de leur collocation privilegiée cy-dessus. *M. Moret.*

Seront lesdites Dames Abbesse & Religieuses du Convent de Conflans colloquées par hypoteque du huitiesme Novembre de l'année 1686. de la somme de six cens vingt-neuf livres pour arrerages escheus au dernier Decembre de l'année 1695. de deux cens livres de rente, de ceux depuis escheus & qui escheront jusques à l'actuel payement, & de la somme de quatre mil livres pour le rachapt & amortissement desdits deux cens livres de rente constituée à leur profit par lesdits Sieur & Dame gobert, par Contract dudit jour huitiesme Novembre 1686. & ne subsistera la presente collocation que pour la somme pour laquelle lesdites Dames n'entreront pas en ordre util en consequence de leur collocation privilegiée. *Les Religieuses de Conflans.*

Sera ladite Dame Marie Aymedieu veuve dudit deffunt Messire Pierre de Saint André Tresorier general de la Marine, colloquée par hypoteque du trente-unième Decembre 1686. pour la somme de trois mil cent cinquante livres de principal, portée en l'obligation solidaire desdits Sieur & Dame gobert dudit jour trente-unième Decembre 1686. & pour la somme de neuf cens une livres pour ce qui reste deub des interests desdits *Madame de S. André.*

trois mil cent cinquante livres, à compter du quatorziéme Juillet de l'année 1689. jour de la demande, jufqu'au dernier Decembre de l'année 1695. fuivant qu'ils ont efté adjugez par Sentence du feiziéme Mars de l'année 1691. fignifiée le vingt-huitiéme des mêmes mois & an, & pour les interefts qui efcheront jufqu'à l'actuel payement.

Madame des Mouceaux. Sera ladite Dame Claude de Moucy veuve de Meffire Pierre de Mouceaux grand Audiancier de France, colloquée comme deffus, & par hypoteque du vingt-feptiefme Fevrier 1687. pour la fomme de onze cens foixante-huit livres quinze fols, pour arrerages efcheus au dernier Decembre de l'année 1695. de trois cens livres de rente conftituée par lefdits Sieur & Dame Gobert, folidairement par Contract dudit jour vingt-feptiefme Fevrier 1687. pour arrerages efcheus depuis ledit jour dernier Decembre 1695. & qui efcheront jufques à l'actuel payement, & pour la fomme de fix mil livres pour le rachapt & amortiffément defdits trois cens livres de rente, en cas toutefois qu'elle ne foit pas totalement payée en confequence de fadite collocation privilegiée.

Madame de S. André. Sera ladite Dame Marie Aymedieu veuve dudit deffunt Meffire Pierre de Saint André, vivant Treforier general de la Marine, auffi colloquée par hypoteque du vingt-feptiefme May de l'année 1687. pour la fomme de trois cens cinquante livres de principal, reftante de celle de trois mil cent cinquante livres, portée par l'Obligation folidaire defdits Sieur & Dame Gobert, dudit jour vingt-fept May de l'année 1687. comme auffi pour la fomme de
pour ce qui refte deub des interefts defdits trois cens cinquante livres de principal, à compter du quatorziefme Juillet 1689. jour de la demande, efcheus au dernier Decembre de l'année 1695. fuivant qu'ils ont efté adjugez par Sentence du feiziefme Mars 1691. & pour les interefts defdits trois cens cinquante livres efcheus & qui efcheront.

Noiret. Sera ledit Pierre Noiret Marchand Bourgeois de Paris, colloqué par hypoteque du vingt-uniefme Janvier de l'année 1688. pour la fomme de cinq cens foixante-huit livres pour les arrerages efcheus au dernier Decembre de l'année 1695. de cent foixante-quinze livres de rente conftituée par lefdits Sieur & Dame Gobett, folidairement par Contract dudit jour vingt-uniefme Janvier de l'année 1688. pour ceux depuis efcheus & qui efcheront, & pour la fomme de trois mil cinq cens livres pour le rachat & amortiffement defdits cent foixante-quinze livres de rente, en cas toutefois qu'il ne foit pas totalement payé en confequence de fa collocation privilegiée.

Les Habitans de Croify. Seront lefdits Curé, Manans & Habitans de Croify, auffi colloquez par hypoteque du vingt-fixiefme Mars de l'année 1688. pour la fomme de cinq cens cinquante-deux livres un fol, pour arrerages efcheus au dernier Decembre de l'année 1695. de cent foixante-dix livres quatre fols quatre deniers de rente conftituée par lefdits Sieur & Dame Gobert, folidairement par Contract dudit jour vingt-fixiefme Mars 1688. pour ceux depuis efcheus & qui efcheront, & pour la fomme de trois mil quatre cens quatre livres fept fols, pour le rachapt & amortiffement defdits cent foixante-dix livres quatre fols quatre deniers de rente.

Madame Pinchon. Sera ladite Dame Marguerite Gombault veuve du Sieur Pinchon, vivant Marchand Bourgeois de Paris, auffi colloquée par hypoteque du vingt-feptiefme Avril de l'année 1688. pour la fomme de treize cens livres pour arrerages efcheus au dernier Decembre de l'année 1695. de quatre cens livres de rente conftituée par lefdits Sieur & Dame Gobert, folidairement par Contract dudit jour vingt-feptiefme Avril 1688. comme auffi des arrerages defdits quatre cens livres efcheus depuis ledit jour dernier Decembre 1695. & de ceux qui efcheront jufques à l'actuel payement, & de la fomme de huit mil livres pour le rachapt & amortiffement defdits quatre cens livres de rente, en cas toutefois que ladite Dame Pinchon ne foit pas totalement payée, en confequence de fa fufdite collocation privilegiée.

Les Heritiers de la Dame de la Grandiere. Seront les enfans & heritiers de Dame Elizabeth Gobert, vivante femme de Meffire Charles de la Grandiere, colloquez comme deffus ; & par hypotheque du vingt-un Decembre de l'année 1688. pour la fomme de cinq cens livres pour arrerages efcheus au dernier Decembre de l'année 1695. de cinq cens livres de rente conftituée folidairement par lefdits Sieur & Dame Gobert, au profit de ladite Dame de la Grandiere leur fille, en faveur & par fon Contract de mariage avec ledit fieur de la Grandiere, dudit jour vingt-un Decembre 1688. comme auffi des arrerages defdits cinq cens livres efchûs depuis ledit jour dernier Decembre 1695. & de ceux qui efcheront jufques à l'actuel payement, & de la fomme de dix mil livres pour le rachapt & amortiffement defdits cinq cens livres de rente.

M. Carrelle. Sera ledit Meffire Loüis Carrelle Ecuyer, Confeiller Secretaire du Roy, Maifon Couronne de France & de fes Finances, & Receveur general des Finances de la generalité de Paris, colloqué par hypoteque comme deffus du dixiefme Fevrier de l'année 1689. pour la fomme de trois mil livres de principal, portée en l'Obligation folidaire
defdits

desdits Sieur & Dame Gobert, dudit jour dixiesme Fevrier de l'année 1689. & pour les interests qui en escheront, à compter du jour de l'opposition qui se trouvera avoir esté formée par ledit sieur Carrelle au Decret des biens dont est question.

Minon.

Seront lesdits Antoine Minon l'un des Cent Suisses de la garde de Monsieur Duc d'Orleans Frere Unique du Roy, & Catherine Rosanne sa femme veuve de Jean-Baptiste Georges aussi Cent Suisse de la garde de Monsieur, aussi colloquez comme dessus & par hypoteque du quatriesme Septembre de l'année 1690. pour la somme de cent cinquante livres de principal, pour frais extraordinaires faits par lesdits Minon & sa femme, au sujet du Decret volontaire qu'ils ont fait faire d'une Place par eux acquise desdits gobert & sa femme, dont lesdits gobert & sa femme sont tenus solidairement par ledit Contract dudit jour quatre Septembre 1690.

Yvon.

Sera ledit Maistre Estienne Yvon Couvreur ordinaire des Bastimens du Roy, & l'un des cinquante Jurez Experts Bourgeois de Paris, colloqué comme dessus, & par hypoteque du douziesme Janvier de l'année 1691. de la somme de dix-sept cens treize livres, restante deuë de celle de deux mil deux cens treize livres, portée par l'Obligation solidaire desdits Sieur & Dame gobert, dudit jour douziesme Janvier 1691. & sur les interests pretendus par ledit sieur Yvon, les parties sont mises hors de Cour, faute par luy de rapporter l'Exploit de demande.

Messire
Renoüard.

Sera ledit Messire Charles Renoüard sieur de la Toüanne, Conseiller du Roy, Tresorier general de l'Extraordinaire des Guerres, és noms qu'il procede, colloqué comme dessus & par hypoteque du trentiesme Juin de l'année 1691. pour la somme de quatre mil quatre cens livres de principal, portée par l'Obligation solidaire desdits Sieur & Dame gobert, faite au profit d'Estienne de Villemet Bourgeois de Paris, ledit jour trentiéme Juin 1691. lequel sieur de Villemet en a fait declaration au profit dudit sieur de la Toüanne : comme aussi pour les interests desdits quatre mil quatre cens livres de principal, écheus depuis le jour de l'opposition qui se trouvera avoir esté formée au Decret des biens dont est question.

M. Goujon.

Sera ledit Messire Pierre Goujon, Conseiller du Roy en ses Conseils, Receveur general des Finances de Metz, colloqué par hypoteque du vingtiéme Aoust de l'année 1692. pour la somme de cinq cens livres de principal, portée au billet de Change solidaire desdits Sieur & Dame Gobert du premier Avril audit an, & en la Sentence de condamnation des Consuls dudit jour vingtiéme Aoust 1692. Comme aussi pour la somme de soixante-huit livres quinze sols pour interests desdits cinq cens livres de principal, à compter du huitiéme Avril 1692. jour du Protest, jusqu'au dernier Decembre 1695. pour ceux depuis escheus & qui escheront jusqu'à l'actuel payement.

Liennard.

Sera ledit Jean Lienard Rouleur de Vins à Paris, colloqué comme dessus & par hypoteque du vingt-cinquiéme Janvier de l'année 1694. pour la somme de cent cinquante livres de principal, portée au billet de Change solidaire desdits Sieur & Dame gobert, du sixiéme Avril de l'année 1693. & en la Sentence de condamnation du Chastelet dudit jour vingt-cinquiesme Janvier de l'année 1694. Comme aussi pour la somme de seize livres dix-sept sols six deniers pour interests desdits cent cinquante livres de principal, à compter du seiziesme Octobre audit an 1693. jour de la demande, & qui sont escheus au dernier Decembre de l'année 1695. pour ceux escheus depuis ledit jour & qui escheront jusqu'à l'actuel payement.

Pierre.

Sera ledit sieur Pierre Marchand Espicier à Paris, & Magdelaine Demimuid à present sa femme, auparavant veuve de Noël Pierret vivant Marchand Boulanger à Paris, aussi colloquée comme dessus & par hypoteque du vingt-neuviéme Avril 1695. pour la somme de deux cens quatorze livres de principal, portée au billet solidaire des Sieur & Dame gobert, du onziéme Decembre de l'année 1693. & en la Sentence de condamnation des Consuls dudit jour vingt-neuviéme Avril 1695. Comme aussi pour la somme de huit livres pour interests desdits deux cens quatorze livres quatorze sols, escheus depuis le vingt-sixiéme Mars 1695. jour de la demande, jusqu'au dernier Decembre dernier, suivant qu'ils ont esté adjugez par ladite Sentence, pour ceux depuis escheus & qui escheront jusqu'à l'actuel payement.

Thevenin.

Sera enfin ledit Dominique Thevenin Huissier au Chastelet, colloqué comme dessus & par hypoteque du dix-neuviéme May de l'année 1695. pour la somme de quatre-vingt-dix livres de principal, portée en la Promesse solidaire desdits Sieur & Dame gobert, du dix-neuviéme Avril de l'année 1694. & en la Sentence de condamnation du Chastelet dudit jour dix-neuviéme May 1695. & sur les interests pretendus par ledit Thevenin, les parties sont mises hors de Cour, faute par luy de rapporter l'Exploit de demande.

H

CREANCIERS CHIROGRAPHAIRES.

APRE'S que les Creanciers cy-deſſus colloquez auront eſté entierement payez de leur deub ; les deniers qui reſteront feront contribuez au ſol la livre entre les creanciers cy-aprés nommez.

Gromet.

PREMIEREMENT entrera en ladite contribution le Sieur Gromet marchand Bourgeois de Paris, creancier de la ſomme de trois cens livres, eſtant au bas du Memoire des fournitures dudit Gromet arreſté le ſixiéme Avril de l'année 1688.

Les Auguſtins Deſchauſſez.

Les Reverends Peres Auguſtins Deſchauſſez entreront en la meſme contribution pour la ſomme de trois cens livres portée au Billet dudit Sieur Gobert fait au profit du Reverend Pere Leon Prieur deſdits Auguſtins le dix-ſeptiéme Octobre de l'année 1692.

Bizet.

Noël Bizet Maiſtre Paveur à Paris, entrera en la meſme contribution pour la ſomme de deux cens livres pour Ouvrages de Pavé, contenuë au Memoire dudit Bizet arreſté par ledit Sieur Gobert le dix-huitiéme Octobre 1692.

Carpentier.

Loüis Carpentier Marchand Bourgeois de Paris, entrera pareillement en ladite contribution pour la ſomme de cent quarante livres pour fournitures de Marchandiſes contenuës en la Promeſſe dudit Sieur Gobert du vingt-quatriéme Novembre 1692. & pour les intereſts à compter du jour de l'oppoſition que ledit Sieur Carpentier ſe trouvera avoir formée au decret des biens dont eſt queſtion.

Benoiſt.

Le Sieur Benoiſt maiſtre Maſſon à Paris, entrera pareillement dans ladite contribution pour la ſomme de deux cens vingt-huit livres dix ſols, portée au compte arreſté par ledit Sieur Gobert le vingt-huitiéme Decembre de l'année 1692.

Meſſire de Bartillac.

Meſſire François de Bartillac Conſeiller du Roy en ſes Conſeils, cy-devant garde du Royal, entrera en la même contribution pour la ſomme de deux cens trente-cinq livres portée au Billet dudit Sieur gobert, fait au profit dudit Sieur de Bartillac le treiziéme Juillet de l'année 1693.

Le Roux & Franquet.

Les Sieurs le Roux, Franquet & Compagnie marchands Bourgeois de Paris, entreront en la même contribution pour la ſomme de quarante-une livres dix ſols pour Toille fournie, contenuë aux Parties arreſtées par ledit Sieur gobert le vingt-quatriéme Octobre de l'année 1693. & pour les intereſts de ladite ſomme, à compter du jour de l'oppoſition qui aura eſté par eux formée au decret des biens dont eſt queſtion.

Les Heritiers Cytois.

Les enfans & heritiers d'Antoine Citois marchand de Bois à Paris, entreront en la même contribution pour la ſomme de huit livres ſeize ſols contenuë aux Billets dudit Sieur gobert, par leſquels il a mandé audit deffunt Citois d'envoyer des Planches de bois : leſdits Billets en datte des neuf Novembre 1693. treize Janvier , 4. 16. Fevrier 1694. & dix-ſeptiéme Septembre de l'année 1695.

Corroyer.

Le Sieur Corroyer marchand Chapelier, Bourgeois de Paris, entrera dans la meſme cootribution pour la ſomme de cent livres pour marchandiſes de Chapeaux fournis auſdits Sieur & Dame gobert, contenus dans les Parties arreſtées du cinquiéme Decembre de l'année 1693.

M. le Marquis de Breauté.

Le Sieur Marquis de Breauté entrera auſſi dans la ſuſdite contribution pour la ſomme de trois cens livres portée au Billet du Sieur gobert, fait à ſon profit le dix-ſeptiéme Avril de l'année 1694.

Bonté.

Le nommé Bonté Blanchiſſeur entrera auſſi dans ladite contribution pour la ſomme de cent quatre-vingt livres pour le blanchiſſage, porté au Memoire arreſté par ledit Sieur gobert le ſixiéme May de l'année 1694.

Petit.

Ledit Maiſtre Antoine Petit maiſtre Charpentier à Paris, entrera dans la meſme contribution pour la ſomme de quatre cens vingt livres portée au Billet du Sieur gobert, fait à ſon profit le vingt-ſeptiéme May audit an 1694.

La veuve Huré.

Jeanne Martel veuve de Pierre Huré marchand de Vin, Bourgeois de Paris, entrera dans la meſme contribution pour la ſomme de cinquante livres portée au Billet dudit Sieur gobert du dixiéme Juillet de l'année 1694. pour reſte de fourniture de vin, payable à la volonté dudit Sieur Huré.

M. Domilié.

Nicolas Domilié Conſeiller Secretaire du Roy, Maiſon, Couronne de France & de ſes Finances, entrera dans la meſme contribution pour la ſomme de trois cens livres portée au Billet du Sieur gobert, fait à ſon profit le cinquiéme Aouſt de l'année 1694.

Sorcelle.

Le Sieur Sorcelle marchand de Dantelles en or & argent, & Bourgeois de Paris, entrera dans la ſuſdite contribution pour la ſomme de cent livres pour reſte de marchandiſes par luy fournies audit Sieur gobert, portée au Billet dudit Sieur gobert du vingt-huitiéme Novembre audit an 1694.

M. Dieuxinois.

Le Sieur Dieuxinois Docteur en Medecine de la Faculté de Paris, entrera dans la ſuſdite contribution pour la somme de cent livres portée au Billet du Sieur gobert fait à son profit le sixiéme Juillet de l'année 1695.

Marie Egaste Cuisiniere desdits Sieur & Dame gobert, entrera dans la susdite contribution pour la somme de cent livres pour ses gages du passé jusqu'au jour du Billet dudit Sieur gobert du dixiéme Juillet audit an 1695. *Egaste.*

Le nommé Bombras Boulanger à Paris, entrera dans ladite contribution pour la somme de cent soixante-dix livres pour fournitures de pain, portée au Billet du dix-huitiéme Juillet audit an 1695. *Bombras.*

Marguerite Dupin fille de Chambre desdits Sieur & Dame gobert, entrera dans la même contribution pour la somme de six cens livres pour reste de ses gages, dont ledit Sieur gobert luy a fait son Billet le douziéme Aoust de la même année 1695. *Dupin.*

Le nommé Biloüard marchand Vitrier à Paris, entrera dans la même contribution pour la somme de quarante livres pour fournitures de Vitres, contenuë au Memoire arresté par ledit Sieur gobert le vingt-cinquiéme Octobre audit an 1695. *Biloüard.*

Enfin le Sacristain de la Paroisse de Saint Eustache entrera dans la même contribution pour la somme de vingt livres deux sols pour le Convoy de la Dame de la grandiere, dont lesdits Sieur & Dame gobert ont répondu : & faute par les Sieurs Dassy, gallois ou Boudin, de Serbiere Banquier à Paris, Moreau marchand Epicier, Bourgeois de Paris, Dulignon cy-devant Tresorier general de la Marine & ses ayans cause, Motet marchand de Bois, les Incurables, Vatel maistre Paveur à Paris, Moriceau maistre Chirurgien, Vatebois Escuyer, Conseiller, Secretaire du Roy, Maison, Couronne de France & de ses Finances, les Abbesse & Religieuses de Nostre-Dame de Meaux, Tarade de Strasbourg de la Tour Precepteur des enfans desdits Sieur & Dame gobert, Picon Dandreselle, Perrichon marchand Bourgeois de Paris, les Jurez Crieurs, Belly Capitaine Suisse, Roch Hubert Procureur au Chastelet, Mauduit Perruquier, Chifaudel Cordonnier, Cailler Espicier, Marguisy marchand de Dantelles, Robin maistre Mareschal, Goüin maistre Chirurgien, Philippes Ludet Fontaine Bourgeois de Paris, & Nicolas & Thomas Testard, se disans tous creanciers desdits Sieur & Dame Gobert, & employez dans l'estat par eux fourni de leurs dettes passives : Sçavoir, ledit Sieur Dassy pour la somme de sept cens livres, le Sieur Gallois ou Boudin pour celle de onze cens seize livres, le sieur de Sorbiere pour celle de trois cens livres, le Sieur Moreau pour celle de quatre mil cinq cens livres, le Sieur Dulignon ou ses ayans cause pour celle de seize cens cinquante-deux livres dix sols, le Sieur Motet pour celle de deux cens deux livres, les Incurables pour celle de cent cinquante livres, le Sieur Vatel pour celle de douze cens livres, le Sieur Moriceau pour celle de deux cens livres, le Sieur Vatebois pour celle de cent livres, les Religieuses de Nostre-Dame de Meaux pour celle de six cens trente livres, le Sieur Tarade pour celle de deux cens cinquante livres, le Sieur de la Tour pour celle de trois cens livres, le Sieur Picon Dandreselle pour celle de quatre-vingt-quatre livres, le Sieur Perrichon pour celle de cent cinquante-six livres, Robin pour celle de cent livres, Bely pour celle de trois cens livres, Hubert pour pareille somme de trois cens livres, Moduy pour celle de cinquante-cinq livres, Chifaudel pour celle de vingt livres, Caillet pour celle de trente livres, Marquisy pour celle de trois cens livres, Gonin pour quarante-deux livres, Ludet pour trois mil livres, Fontaine pour huit mil sept cens quatre-vingt-six livres quinze sols ; & lesdits Nicolas & Thomas Testard pour celle de *Le Sacristain de S. Eustache.* *Deboutté.*

d'avoir satisfait au Contract d'abandonnement, & à la Sentence de la Cour du trente-uniéme Decembre 1695. & suivant lesdits Contract & Sentence, d'avoir mis és mains du Procureur de la Direction les Titres justificatifs de leurs creances, sur les oppositions & pretentions desdits Sieurs & Dames creanciers, les Parties sont mises hors de Cour, & seront tenus lesdits Sieurs & Dames creanciers cy-dessus colloquez, d'affirmer pardevant le Sieur   Maistre des Requestes, que les sommes pour lesquelles ils sont colloquez leur sont bien & legitimement deuës, & qu'ils n'ont rien reçu desdites collocations.

Arresté le present Ordre par nous Creanciers & Directeurs des droits des autres Creanciers des Sieur & Dame Gobert en l'Assemblée de la Direction tenuë en la maison de Monsieur le President du Mets ce jourd'huy douziéme Avril 1696. Signé DU METZ, HOSDIER, ROUSSEAU, BROISSIN & DE ROTROU DE SAUDREVILLE en l'Original dudit Ordre déposé pour Minutte à Bailly l'un des Notaires soussignez, par Acte estant ensuite dudit jour douziéme Avril audit an 1696. Ainsi signé DESFORGES & BAILLY Notaires. LA COUR, Parties comparantes oüyes, Ayant égard à la Requeste, A homologué l'Ordre en question, arresté en la Direction des Creanciers desdits Gobert & sa femme le douziéme Avril presens mois & an, pour estre executé selon sa forme & teneur, Ordonne Commission estre délivrée aux Parties *Dispositif.*

de Veron pour faire affigner en la Cour dans les delais de l'Ordonnance tous les Creanciers refufans d'en confentir l'homologation, pour voir déclarer la prefente Sentence
commune avec eux, eftre icelle executée felon fa forme & teneur : Seront lefdites
Parties de Veron rembourfées de leurs dépens en frais de Direction, & la prefente
Sentence executée nonobftant oppofitions ou appellations quelconques & fans y pré-
judicier : S i mandons au premier Huiffier defdites Requeftes de l'Hoftel, ou autre
Huiffier ou Sergent Royal fur ce requis, les Prefentes il mette à deuë & entiere execu-
tion de point en point felon leur forme & teneur, & à cette fin il faffe tous Exploits &
Actes de Juftice à ce requis & neceffaires : De ce faire vous donnons pouvoir.
DONNE' à Paris aufdites Requeftes de l'Hoftel fous le Scel de ladite Cour le dix-
feptiéme jour du mois d'Avril mil fix cens quatre-vingt-feize. Collationné.

www.ingramcontent.com/pod-product-compliance
Lightning Source LLC
Chambersburg PA
CBHW051403050726
47595CB00006B/2688